面めん倒どうな"やりとり"がシンプルになる仕し事ごとのコツ48

高情商交流的48个技巧

〔日〕伊庭正康 著　朱悦玮 译

北京时代华文书局

图书在版编目（CIP）数据

高情商交流的48个技巧 /（日）伊庭正康著 ；朱悦玮译. -- 北京 ：北京时代华文书局，2021.7

ISBN 978-7-5699-4232-3

Ⅰ. ①高… Ⅱ. ①伊… ②朱… Ⅲ. ①语言艺术—通俗读物 Ⅳ. ①H019-49

中国版本图书馆CIP数据核字（2021）第104577号

北京市版权著作权合同登记号 图字：01-2020-6347

高情商交流的48个技巧

GAO QINGSHANG JIAOLIU DE 48 GE JIQIAO

著　　者｜［日］伊庭正康
译　　者｜朱悦玮

出 版 人｜陈　涛
策划编辑｜张超峰
责任编辑｜张超峰
责任校对｜陈冬梅
装帧设计｜颜森设计　段文辉
责任印制｜訾　敬

出版发行｜北京时代华文书局 http://www.bjsdsj.com.cn
北京市东城区安定门外大街138号皇城国际大厦A座8楼
邮编：100011　电话：010-64267120　64267397
印　　刷｜河北京平诚乾印刷有限公司　电话：010-60247905
（如发现印装质量问题，请与印刷厂联系调换）
开　　本｜880mm×1230mm　1/32　印　　张｜5.25　字　　数｜130千字
版　　次｜2021年7月第1版　印　　次｜2021年7月第1次印刷
书　　号｜ISBN 978-7-5699-4232-3
定　　价｜45.00元

前言

我总是在想："这样的事情究竟有何意义？"

每天早晨挤在满员的电车里来到公司。

在公司楼下排着长长的队伍等待电梯。

好不容易到了办公室，屁股还没坐热，就要开始参加早会，听取一成不变的报告。

早会结束之后仍然没有得到解放。接下来是去会议室，参加一成不变的会议。

然后再与客户进行一下沟通和交流，就到中午了。

但明天就需要提交的资料还一点没做……

这就是我们每天的日常（可能稍微有一些细节上的不同）。

不管我们怎样努力提高自己的工作能力，都是有极限的。

你是否也有同样的感受呢？我是深有同感。

坦白地说，我在20多岁刚入职的时候，一直就处于这样的工作状态之中。

每天都在22点之后才能到家。

这导致我每天都很疲惫。

早晨起来的时候身体好像灌了铅一样沉重，后来我甚至出现了失眠的情况……

灌在身体里的“铅”不但没有被排出体外，反而越来越多。就在我的身体即将达到支撑的极限时，我做出了一个决定。

“放弃吧。”

当然，我放弃的不是工作，而是加班。

我决定不管遇到什么情况都保证18点30分准时下班，而且尽可能地将带薪休假全部利用起来。

当我将自己的决定告诉上司的时候，对方的回答是“随便你”。

因为我当时的工作是营业，所以上司的意思是“只要你能完成工作任务就没问题”。

当听到上司的回复之后，我忽然意识到一件事：“我之所以加班并不是因为公司，而是我自己的思考方法有问题。”

只要我能完成工作任务，那么不管是按时下班还是休假，都没有问题。

当认识到这一点之后，我顿时感觉身体轻松了许多。

但公司里有许多不得不处理的业务，我也不可能完全随心所欲地行动。

“既然如此，我就在可能的范围内做出一些调整吧。”于是，我首先向上司提出，将早会改成每周两次。

上司很痛快地同意了我的提案。这样一来，我就可以早晨不去公司报到，直接去拜访客户。

此外，我还想办法将与上司、同事以及供应商之间的日常“交流”尽可能地简化。

每天的“报联商”，每周需要提交的大量资料，以及客户提出的“能不能马上过来”的要求，这些全都是我的简化对象。

结果我发现，通过改变日常交流的方法，能够极大地缩短完成工作所需的时间。

在我做出“不再加班”这个决定一年之后，我在全公司的人事考核中获得了第一名的优异成绩。

当时我的考核表上写着“U”的字样。我向别人打听之后才知道，这个“U”是“Ultra”的意思，是“只有非常优秀的人才能获得的评价”。

后来，我在Recruit的其他事业部从事营业工作的时候，在人事考核上得到了“13”的分数。

据上司说，这是最高一级的评价。以前公司里曾经有一位参加奥运会并取得奖牌的同事，他的分数和我的分数一样。

我不但业绩突飞猛进，而且获得了非常充裕的时间，我在本职工作之外还能参与新事业的开拓和企业内部的研修等许多自己应该做和想要做的事情。

通过上述经验，我领悟了一个真理。

那就是“对于不会对成果造成影响的事情，应该大胆地放弃”。

很多人觉得“交流”是一件麻烦事，不愿意在交流上下功夫。但实际上这正是应该努力改进的地方。

只要改变这些日常的“交流”，就能够极大地减轻我们的工作量。

当然，在不同的职场之中，能够改变的地方也各不相同，总之，应该在自己能力允许的范围内，尽可能地做出改变。

本书就将为大家介绍通过提高“交流”效率来减少工作量的方法。

我们不需要提高自己的工作能力，以两倍的效率来完成工作，而是通过消除不必要的业务，用一半的时间来取得成果。这就是我的工作方法。

正如前文中提到过的那样，因为不同的职场之中能够改变的地方也各不相同。因此，大家不必实践本书介绍的所有方法。只要从中挑选几个适合你的方法进行实践，就一定能够使你的工作变得更加轻松。

创作本书的时候，我已经49岁了。

我几乎没有什么过人之处，如果说有唯一一点值得骄傲的地方，那就是我自从26岁之后，再也没有说过这样一句话：“哎呀，忙死了。”

我似乎在26岁的时候就已经将灌了“铅”的身体彻底清理干净了。

如果通过本书，你也能够从“繁忙”之中拯救出自己的话，将是我最大的荣幸。

株式会社RASISALAB 董事长 培训师

伊庭正康

2018年4月

目 录
Contents

第一章

Chapter 1

不要增加多余的工作！
『消除多余交流』的技术

1 “可做可不做的事”就不要做

提高无用功的效率，本身就是一种无用功！

坚持将消除无用功贯彻到底的丰田副社长大野耐一曾经说过的一句话让我记忆犹新。

“提高无用功的效率，本身就是一种无用功！”

确实如此，但要想避开这个陷阱却并不容易。很多时候，我们很难发现哪些工作属于无用功。

我来给大家介绍一个能够简单发现无用功的方法。

那就是用以下“三个问题”来确认自己的工作是否“不做也没有问题”。

【发现无用功的“三个问题”】

□不做的话，是否会降低员工的满意度？

□不做的话，是否会降低客户的满意度？

□不做的话，是否对风险管理产生影响？

●取消之后会有什么影响？

从以下3个角度进行检查

- ✓ 是否会降低员工的满意度？
- ✓ 是否会降低客户的满意度？
- ✓ 是否对风险管理产生影响？

反响平平的直投广告

只有业务报告的早会

例行公事的年终问候礼品

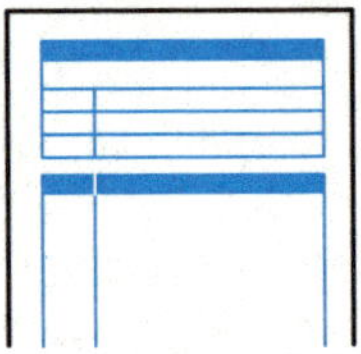

没有读者的议事录

首先，请从上述观点审视自己的业务。如果全都没有影响的话，那就应该将该业务取消。

比如每周都有的例行会议。如果取消这个会议，会不会降低员工的满意度或者客户的满意度，是否会对风险管理产生影响……

如果对其中任意一项有影响，那就应该保留。

但如果没有任何影响的话，则应该仔细地对其进行审视，考虑将其取消。

我曾经有过这样的经历。年轻的时候我凭着初生牛犊不怕虎的精神对上司提出：“将每天的早会改成每周两次可以吗？”

上司竟然同意了我的提案，真的将早会改成了每周两次。结果是，我可以早上直接去拜访客户，业绩得到了极大的提升。

除此之外，还有许多隐藏的无用功。

- **现在每天都要制作的内部资料是否可以消除？**
- **每次去拜访客户时都要准备的企划书是否可以取消？**
- **定期给客户发送的样品如果取消的话是否会导致客户满意度下降？**

事实上，将这些业务取消之后，造成的影响非常小。

曾经有一位经营者对我这样说道：

“每个月供应商都会给我发来直投广告，上面写着一些新品信息之类的内容，但我没有时间，所以基本都没读过。”

当你制订第二天的工作计划时，首先应该确认一下其中是否存在“对他人不会产生任何影响，可做可不做”的工作。

Point

确认第二天的工作之中是否存在

“不做也不会产生任何影响”的工作。

2 不要"手写"留言便签和明信片

手写的部分用"手写体"来代替

在写留言便签和明信片的时候，是否应该手写呢？

我认为手写是最好的选择。因为这样最能够将自己的心意传达给对方。

但手写最大的问题是"时间"。

比如给客户发送贺年的明信片或者广告邮件的时候，每次都要发送好几百份。

假设你要发送300张明信片，如果全都亲自手写的话，要花费多少时间呢？

答案是5个小时（按照1张明信片花费1分钟来计算）。

想将自己的真情实感传达给对方，却没有那么多的时间。在这种情况下，可以采取一些取巧的办法。

比如不用"手写"而是用"手写体"。

首先亲自手写一份样本，然后将这份样本复制粘贴到其他的副本上。

如果是留言便签的话，最好提前准备好许多种不同的版本，然后根据实际情况来选择使用。明信片和广告邮件的话只需要一份样本就够了。

如下图所示，需要制作很多明信片的时候，只需要使用“截图软件”或者“复印机”进行复制粘贴即可。

●用“手写体”来复制粘贴

只要花费少量的时间先手写一份样本，然后不管是300份还是1000份，都可以在很短的时间内搞定。根据我的经验，用这种方法制作300份明信片只需要20分钟的时间。

“手写”5小时，“手写体”则只要20分钟。效率提高了15倍。

可能仍然有人认为“还是手写比较好”，但请从时间成本的角度来思考一下。

假设让一个年收入400万日元（每小时1800日元）的人来做这项

工作，那么5小时花费的成本就是9000日元。而复制（1张3日元）的话，只需要900日元。

也就是说，选择复制的方法能够将成本压缩到手写的十分之一。

当然，每一张都亲自手写的话，确实更能够传达自己的心意。

但我认为“工作应该以‘性价比’作为判断的基准”。

在无法取得理想成果的情况下，坚持采用“手写”的方法只不过是一种“自我满足”罢了。

这种方法不仅适用于写明信片，还同样适用于营业宣传单和信封。

除了文字之外，卡通表情也可以复制粘贴。

我就经常使用卡通表情。

- **在营业宣传单上粘贴“卡通表情”和“手写体信息”**
- **在信封上粘贴“卡通表情”和“手写体信息”（为了提高开启率）**

这样做不仅能够提高广告邮件的开启率，还能提高商谈的成功率。关于这一点我是深有感受。

如果想用手写的方法来传达自己的心意，不妨尝试一下“手写体”。

这样就可以让“心意”和“效率”这两个相互矛盾的要素实现兼容。

Point

想将自己的真情实感传达给对方，却没有那么多时间的话，不妨采取一些取巧的办法。

3 不要立刻回答“我马上开始做”首先应该对“工作期限”进行交涉

在提高工作效率的时候，首先需要注意的就是“不要优先完成不紧急的工作”。

但上司或者客户经常会提出“请尽快完成”的要求。

这时你会做出怎样的回答呢?

绝对不要立刻回答“我马上开始做”。

坦白地说，我曾经就犯过这样的错误。

因为一旦接下这样的工作，就意味着必须要加班。

明明我很想按时下班回家的，却因为临时增加的工作而无法脱身。

所以，首先应该做的事情是对“工作期限”进行交涉。

请看下面这个例子。

上司:“为了准备下周的会议，可以将这些信息整理成资料吗?”

部下:“没问题。什么时候做完?”

上司："越快越好吧。"

部下："明白。不过我最近业务有点多，如果不急的话，4天之内做完可以吗？"

上司："4天……行吧。那就拜托你了。"

部下："非常感谢！"

只需要像这样简单地交流一番，就可以将上司突然安排下来的工作变得不那么"紧急"。

但如果上司说"会议资料可以明早做完给我吗"的话，应该怎么办呢？

答案还是和上面一样。如果自己确实忙不过来，就直接告诉上司。

●养成对"工作期限"进行交涉的习惯，就能大幅减少多余的加班

上司："原来如此，那我再找别人问问吧……"

在当今这个缩短劳动时间的时代，要求部下"加班也要把工作完成"的上司越来越少。因为这样的上司已经不符合当今的时代要求。如果你的上司还是这样的话，那就应该给他一些教训才行。

请不要有任何顾虑，养成对"工作期限"进行交涉的习惯吧。

但对"工作期限"进行交涉也要有个度，不能每次都交涉。

关键在于"随机应变"。

如果自己确实有时间，不妨痛快地将工作答应下来。

正因为有这种"随机应变"的痛快态度，你在关键时刻的交涉才更容易被对方接受。

Point

确认你现在的工作之中有没有"不需要立刻完成的工作"。

4 对过分的要求果断地说“NO”

掌握DESC法就能顺利地“拒绝”

对上司和客户说“NO”是需要勇气的。

但绝不能因为不敢说“NO”而选择忍让，这样只会使你的工作越来越多。

为了避免出现这种情况，当对方提出过分的要求时，首先应该提出一个“替代方案”。

接下来，我将为大家介绍一个名为“DESC法”的交流方法。

DESC法是一种能够将自己想说的事情准确且顺利地传达给他人的交流方法。

具体来说，包括以下几个步骤。

【DESC法】

D（Describe，描述）：只阐述事实，不表明意见。

E（Explain，说明）：说明自己的想法，将自己的意见传达给对方。

S（Specify，建议）：提出自己的建议和具体的方案。

C（Choose，选择）：让对方做出选择。

请看下面这个示例。

假设对方是一个非常强硬的上司，而且习惯上传下达地做决定。

上司：“最近大家对工作手册上的内容贯彻得不到位。我想做一份调查表，让全体员工填写。明天之前帮我把调查表做好。”

部下：“是的，确实如您所说，大家贯彻得不到位。但我有些事情想向您汇报一下。”

※接下来的内容就是DESC法。

D（描述）：“其实，最近职场之中的业务量增加了三成，大家都感到有些忙不过来。”

E（说明）：“为了更准确地把握实际情况，我认为应该先确认一下大家的状况。这样对我们准备接下来的对策也很有帮助。”

S（建议）：“在这周或者下周安排一次会议怎么样？届时，大家一定会提出许多的意见和建议，到时候我们再采取相应的对策，就会更容易让员工接受。”

C（选择）：“您看这样做可以吗？”

部下实际上是对上司的命令说了“NO”，但用DESC法来进行表述的话，就不会使对方感觉自己的要求遭到了拒绝。

这就是“DESC法”的效果。

上述内容总结如下。

【顺利拒绝对方的方法】

·首先，用DESC法提出替代方案。

·不要否定对方的意见，而是暗示对方“这样做没有效果”“有更加有效的方法”。

·用“我们”作为陈述的主语。

“拒绝力”可以说是缩短劳动时间时代必不可少的技能。

大家不妨观察一下自己的周围。那些不懂得拒绝的人，是不是都被繁重的工作压得喘不过气来？

请用“替代方案”来保护自己吧。

Point

不要只说“NO”，还要提出更好的替代方案。这样才能顺利地拒绝。

5 “空手”进行说明

不需要为了说明而制作资料

在你的周围，有没有这样的人？

两手空空地走进上司的办公室，出来的时候他的提案就已经得到了上司的同意。

如果你也能做到这样的话，是不是会轻松许多呢？

事实上，这样的人都利用了一种叫作“PREP法”的说明方法。

这是先说“结论”，将自己的意见通俗易懂地传达给对方的方法，常用于提出方案或进行报告的时候。

PREP是“Point（结论）”“Reason（依据）”“Example（事例）”“Point（结论）”首字母的缩写。具体的内容如下所示。

【PREP法】

P（Point，结论）：先将自己想说的内容告诉对方。

R（Reason，依据）：简洁地说明自己的依据。

E（Example，事例）：列举具体的事例。

P（Point，结论）：再次将自己想说的内容告诉对方。

请看下面这个示例。

部下："课长，我有点事想找您商量，请问您有时间吗？"

上司："当然，说吧。"

部下："非常感谢。"

※接下来的内容就是PERP法。

P（结论）："我想和您探讨一下让两名员工共同完成工作的'搭档制度'。"

R（依据）："最近经常出现有员工休息之后，因为其他人无法对应其业务，导致工作积压的问题。"

E（事例）："前几天就出现了这样的情况。××因为感冒休息了几天，但ABC商事发来了订单，谁也没有及时地做出回应，给客户添了很多麻烦。我调查之后发现，几乎每两三个月就会发生一次类似的问题。"

P（结论）："这样的话，我们就无法维护'客户第一'的宗旨。因此，我想到了让两名员工共同负责一个客户的搭档制度。这样的话，不需要增加更多的成本，而且能够提高客户满意度和工作效率。"

大家感觉如何？

是不是把想要传达的信息都清楚地传达出来了？

采用这种方法，即便没有准备详细的资料，也可以说服对方。

在使用PREP法的时候，需要注意以下三点。

- **用“一句话”概括想要传达的信息。**
- **用“一句话”概括相应的依据。**
- **说明具体的效果。**

希望大家掌握PREP法，这样你可以节省大量的时间。

Point

如果不需准备资料也能使提案得到上司的同意，就可以极大地提高工作效率。

6 无法“面对面交流”也没关系

即便不见面也能加深关系的方法

要想与客户建立起信赖关系，面对面的交流非常重要。但要是和每一位客户都面对面交流，时间根本不够用。

因此，找到一个即便不见面也能加深关系的方法才是最明智的选择。

优秀的营业人员即便不与客户见面也能加深相互之间的关系。接下来我就将为大家介绍一些任何人都能实践的方法。

重视“细节”

首先，你要牢牢地记住上次见面的时候交流的内容。

“我记得上次你说儿子要参加足球比赛。结果怎么样啊？”

“下周一是您结婚13周年吧？恭喜恭喜！”

即便没有见面，也可以通过电话或者邮件像这样给对方发去问候，这样的交流比不走心地访问10次更有效果。

关心对方

还有一个更简单的方法，那就是“关心对方”。

“您那边好像发出流感警报了，您和家人的身体还好吧？”“本周将迎来今年最强的冷空气，请注意保暖。”像这样简单的关心就可以，而且这种关心也不像前面的方法那样对记忆力有很高的要求。

只需要通过智能手机稍微搜索一下信息就可以了。

提供对方想知道的“信息”

我做营业业务的时候，有一位两年都没见过一次面的顾客。但我和这位顾客的关系非常好，当我不再负责他的业务时，他还特意给我开了送别会。

当时我采取的方法是，每当发现关于同行业其他公司的新闻时就立刻用邮件发送给他。

代替对方收集他想知道的信息，这是建立信赖关系的秘诀之一。

比如：“我对同行的其他公司进行了调查，发现他们都增加了在越南的雇佣比率，效果似乎也很好。”“我在昨天的报纸上看到了最新的行业发展趋势图，现在用邮件发给您吧。”只要是与对方的工作有关系的信息，我都会用邮件发送过去。

从事过营业工作的人一定都有这样的感悟，那就是仅凭登门拜访未必就能建立起信赖关系。所以在其他方面多下点功夫很有必要。

使用微博等社交软件，即便长期没有见面也没关系。

用微博等社交软件添加客户的好友也是个很好的办法。

即便长期没有见面，仍然可以通过社交软件来了解相互之间的近况，就会给人一种经常保持联系的感觉。

“好久不见，但却有种经常见面的感觉呢。”

这是一位三年没有见过面的顾客在见到我时说的第一句话。

无论如何都需要面谈的时候，可以充分利用智能手机。

有的事情用邮件说不清楚，最好能面对面地进行交流。

在这种时候，可以利用智能手机的视频通话功能。“微信”“LINE”都有视频通话功能，iPhone本身自带“FaceTime”的视频通话功能。

事实上，我就经常使用这些功能与客户进行交流，其中还有一些海外的客户，和面对面的交流几乎没什么两样。

Point

即便不见面，但只要下功夫仍然可以建立起信赖关系。

7 尽量一次搞定

养成“省略步骤”的习惯

明明一次就能搞定的工作，偏偏分成许多个步骤来完成，像这样的事情在我们的日常工作中十分常见。

在当今时代，“一次搞定”才是正确的做法。

一次搞定工作，不仅对自己有利，对他人也很有好处。

请大家回顾一下自己一天之中的工作，其中肯定有很多能够“一次搞定”的工作吧。

比如会议的议事录。

“会议结束之后将白板上写的内容整理下来，然后发给参加者。”

如果是你的话，要如何处理这个工作呢?

比如，用智能手机将白板上的内容拍下来，然后用邮件发送给参加者。还可以让参加者直接用他们自己的手机将白板上的内容拍下来，这样连发邮件的工作都省略了。

再来看一个例子。

假设商谈中客户提出：“我对你们的商品很感兴趣。我们再深入探讨一下吧。”

在这个时候，你要如何回答呢？

“非常感谢！请务必考虑一下我们的产品。那么我下次再来……”

这样的回答是完全错误的。因为这使你的工作增加了“再次拜访”的步骤。

正确的做法是想办法当场就让客户签下订单。

如果能够一次搞定，不仅给自己减轻了工作负担，也给对方节省了时间。签完订单之后，还能顺便和对方约定好与售后服务相关的内容，甚至还可以趁此机会让对方给自己再介绍一些客户。

正可谓是“一石二鸟”，甚至“一石三鸟”。

或许有人觉得，“哪有这么容易能想到这样的办法啊……”

在这个时候，请大家使用如下图所示的矩阵图来进行思考。

首先是未来视角。也就是“思考未来的事情时，有没有事先需要

●可以同时完成的工作

用以下4个突破口来进行思考

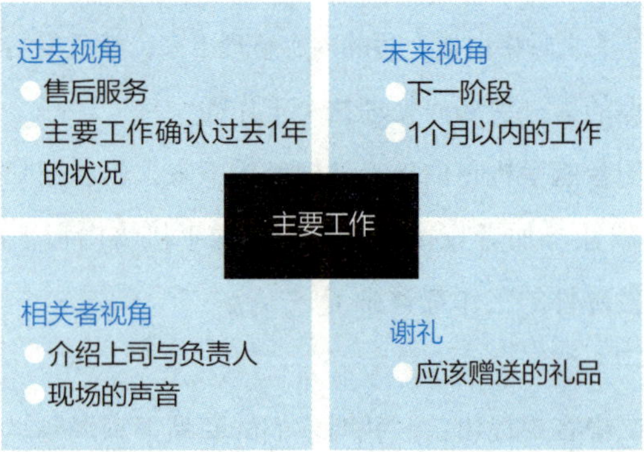

做好的准备”这一视角。前文中提到的将签订单和介绍客户一次搞定的做法就属于此类。

此外，过去视角也能帮助我们发现实现“一石三鸟”的方法。

比如，交货后的售后服务很容易被忽视，保险起见最好再次确认一下。

如果需要与相关人员进行交流或赠送礼品，也可以在这个时候一并完成。

只要用这种方法思考，就能发现很多可以“一次搞定”的工作。

当然，在不同的职场之中，能做的事情也各不相同。

请大家首先从比较简单的小事开始做起吧。

Point

制订第二天的工作计划时，请思考是否能够做到“一石三鸟”。

8 不被他人所左右
自己把握主动权

你身边有没有懒散的人？

· **说着“马上去做”，却迟迟没有行动。**

· **收到邮件之后两三天也没有回复。**

· **要求过于严格和细致，不得不多次返工。**

与这样的人一起工作，也会给自己增加许多无谓的等待时间和确认事项，导致工作停滞或者增加很多工作量。

在这个时候，绝对不能让自己跟着对方的节奏走。

我推荐大家采用以下的方法。

首先，要明确“接下来要做的事”和“时间表”，然后将时间表交给对方。这样一来，不仅自己不会被对方的节奏带走，还会让对方跟随自己的节奏。

具体的做法也很简单，只需要像下图那样将时间表添加在邮件里

●将“接下来的计划”用邮件发送给对方，就能防止出现问题

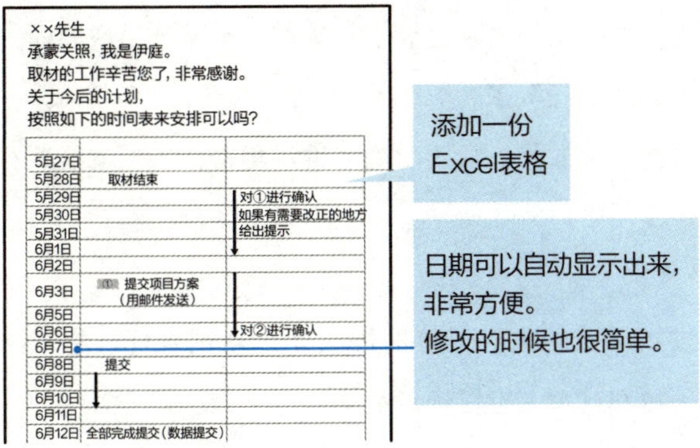

发送给对方即可。

如果用Excel制作时间表的话，不但日期会自动显示出来，后续修改的时候也非常方便。

只要像这样将接下来应该做的事情以及截止日期都提前告诉对方，就能够极大地减少对方出现“迟迟没有完成工作”“不遵守约定”等问题的概率。

此外，经常询问对方“××这件事完成得怎么样了”，对工作的进展情况进行确认也很重要。

但即便我们做到这种程度，仍然有人能够若无其事地不完成工作或者不遵守约定。

在这种情况下应该如何应对呢？

我的做法是，如果被同一名对象欺骗（没有完成工作、不遵守约定）三次，那我就找到他的上司反映情况，要求对方思考对策。

因为将上司也牵扯进来之后，从第四次开始再出现同样的问题，那就是“上司的责任”了。

任何事情都是如此，只要明确“谁承担责任”，就能更有效率地推进工作。

当你发现懒散的人，最好的做法就是立刻将自己的工作告一段落，并且不再和这个人有任何的交集。

或许这会让你损失一些眼前的销售额和利润，但却能极大地提高你的工作效率。

毕竟总是重复同样的工作也会消耗成本。

如果对方还是想和你继续合作，你不要自己做决定，而是应该找上司商谈：“虽然他还想和我一起工作，但考虑到之前发生的事，我心中充满不安，应该怎么办呢？”

请牢记这一点：“绝对不能被懒散的人牵着鼻子走。”

Point

对懒散的人要强硬一些，让对方跟随自己的节奏。

第二章
Chapter 2

提高『报联商』的效率！『高效传达』的技术

9 从“结论”开始说起
用PREP法实现高效传达

要想提高工作之中交流的效率，正确的“传达方法”不可或缺。如果传达方法不对，那么包括“报联商”（报告、联络、商谈）和“交涉”在内的全部交流都将出现错误，导致产生无用功。

在本章之中，我将围绕“正确传达”，为大家介绍消除无用功的方法。

首先是将自己想说的内容简短地表述出来的“说话方法”。

需要记住的只有一点：用“PREP法”来进行说明。

在第一章中我已经为大家介绍过相关的内容。

现在请大家回忆一下。你还能想起在（　　）之中应该填写哪些内容吗？

【PREP法】

P【Point：（　　）】：先将自己想说的内容告诉对方。

R【Reason：依据】：简洁地说明自己的依据。

E【Example：事例】：列举具体的事例。

P【Point：（　　）】：再次将自己想说的内容告诉对方。

没错，答案是“结论”。

从“结论”开始说起是商务交流基本中的基本。也就是说，PREP法是最符合商务交流的“说话方法”。

让我们再简单地回顾一下PREP法的内容。

P（结论）：我认为日本是一个非常宜居的国家。

R（依据）：因为这里非常安全。

E（事例）：比如就算不小心将手机遗忘在了电车上也能找回来，晚上一个人在街上散步也不会感到害怕。像这样的国家可并不多。

P（结论）：所以我认为日本是一个非常宜居的国家。

在进行“报联商”的时候，请按照PREP法来传达自己的想法。

我自己也坚持使用PREP法来说话。

因为这样可以有效避免“话题分散，想要传达的内容完全没能传达出去”的情况。

Point

在商业活动的现场，养成用PREP法说话的习惯。

10 让交涉“一次成功”
事先决定“妥协点”，直接给出“MAX”

不管是说服上司接受自己的提案，还是拜托顾客接受提高的价格，商务活动离不开“交涉”。

但我们不能将时间都花在交涉上。

所以请事先决定“妥协点”，并且直接给出“MAX”。这样就可以使交涉变得非常轻松。

接下来，我将为大家详细地进行说明。

为了让交涉顺利进行，请首先准备以下两个妥协点。

【让交涉顺利进行的两个妥协点】

①ZOPA（Zone of Possible Agreement，可达成协议的区间），能够妥协的范围（最大值—最小值）。

②BATNA（Best Alternative to a negotiated agreement，最佳替代方案），无法妥协时的替代方案。

可能大家对这两个词比较陌生，它们都是商务谈判用语。请大家务必记住，只要事先做好这两点准备，就可以极大地提高交涉的效率。

①ZOPA（可达成协议的区间）

首先需要决定的是“ZOPA”，也就是自己能够妥协的范围。

比如你想让上司减少自己的加班时间。

公司规定18点下班。但对于每天都要加班到21点的你来说，很难做到这一点。

当你打算和上司交涉这个问题的时候，首先要决定自己能够妥协的范围（最大值—最小值）。

如下图所示，直接从MAX开始进行交涉。

·最大（MAX）：20点下班。

·最小（MIN）：19点下班。

●决定“ZOPA”，直接从MAX开始！

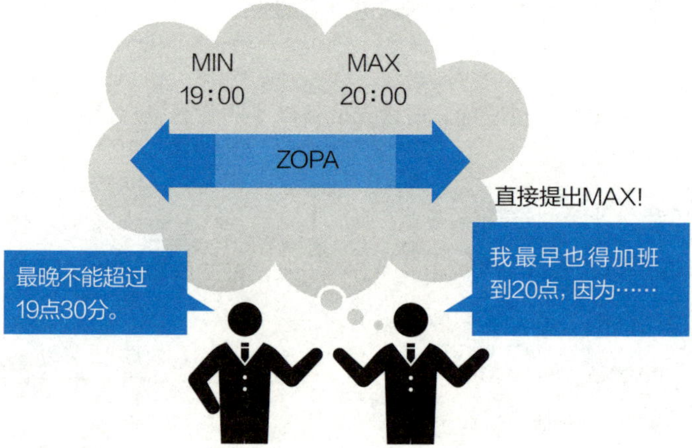

这是一种“以退为进”的交涉方法。

当你最初就表明自己的“底线”，并以此为基础和对方进行交涉时，可以更容易得到与MAX接近的结果。

②BATNA（最佳替代方案）

当然，即便你事先决定了“ZOPA”，可能也无法取得理想的交涉结果。在这种情况下，如果继续坚持交涉下去只会是浪费时间。

因此在事先决定“ZOPA”的同时，还要再准备一个“BATNA”作为交涉不顺利时候的替代方案。

比如在刚才关于加班的交涉中，上司毫不退让地表示“不管你有什么原因，都必须在18点之前下班”。

这个时候就不要再继续纠缠下去，而是用事先准备的BATNA来

●用BATNA来避免浪费时间

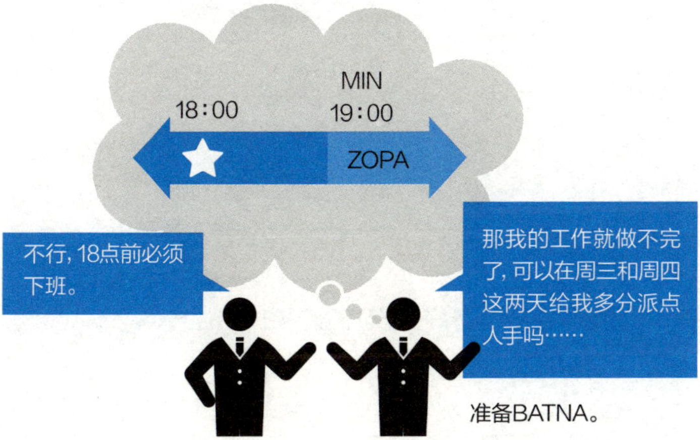

进行交涉。比如：“那例会的资料可以简化一些吗？”“可以减少一部分业务量吗？”

可能有人觉得“在交涉之前就考虑BATNA有点太奇怪了”，但请从另一个角度想一想。

如果你预计到“电车可能晚点”，那么就会准备另一种出行方式。

时刻准备好“第二套方案”，就能够在关键时刻及时地做出应对，从而极大地减少交涉的时间。

Point

交涉之前准备好“ZOPA”和“BATNA”，就可以使交涉顺利完成。

11 表述必须“清晰”，避免“模糊”

只要有七成的把握就行

在商业交流之中，表述必须“清晰”，避免“模糊”。

“虽然有好的一面，但也有坏的一面。大概七成好三成坏吧。比如……”

像这样含混不清的表述会让对方难以理解你的真正意图。

要想将自己的想法准确地传达给对方，必须将内容清晰地表述出来。

比如前面的说法，换成“70%有好处，30%没好处，所以总体上来说是有好处的”就表述得非常清晰了。

请看下面这个上司对部下询问关于新员工看法的例子。

上司：“你觉得新人田中怎么样？”

部下：“我觉得他是一个非常有潜力的人才。因为他与人交流的能力非常强。比如前几天……，所以我认为他很有潜力。”

像这样将自己的想法清晰地表述出来，就能让对方理解你想要传达的信息。

当然，有时候你可能想要传达更多的内容。但一次传达太多的信息，反而会导致传达度下降。

在传达自己想法的时候，集中在一点上，清晰地表述出来。

这样不仅可以提高你的传达效率，还能提高你的影响力。

Point

传达信息的时候要用“清晰”的表述将内容准确地传达出去。

12 越是追求效率的时候越不能用“冷淡的语言”

草率地使用冷淡的语言只会让人离你而去

大家还记得2017年举行的众议院议员选举吗？当时支持率极高的小池百合子率领的新党之所以失去民众的支持，是因为她说了这样一句话：“不配合方针执行的人将被‘排除’。”

就因为这一句话，舆论风向发生了彻底的转变，支持者们纷纷离她而去。

先说结论和清晰表述的说话方法，会使语言变得尖锐，所以在遣词造句上稍有不慎就很有可能让人感觉你的语言过于冷淡。

冷淡的语言可能会引发听众的不快，绝对不能使用。

有时候我们会在不知不觉之中使用冷淡的语言，请看下面这几个示例。

把这些都给我记住（命令式的语言）→请掌握这些技能

给我把这些都做完（强迫劳动）→请帮我做完

大棒和金元都很重要（只有对奴隶才用大棒）→劳逸结合很重要

大客户（对客户要表示尊敬）→重要的合作伙伴

大家在说话的时候请注意类似的内容，避免因为失言而失去周围人的信任和支持。

越是想要将自己的想法表述清楚的时候，越要注意自己的遣词造句，尽量使用谦虚和温柔的语言。

Point

越是想要表述清晰的时候越要使用谦虚的语言。

13 将“事实”和“意见”分开表述

不要喋喋不休地阐述自己的见解

在你的周围，有没有一说起话来就没完没了的人？冗长的交流不但容易使对方感到厌烦，同样也会浪费自己宝贵的时间。

说起话来没完没了的人都有一个同样的特点。

那就是不说“事实”，总是说“意见”。所以他们说起来总是没完。

请大家试着从下面这段话之中将“事实”找出来。

课长，请听我说。要在19点之前结束全部工作很难做到。

因为从现在的情况来看，必须加班到20点才行。

在说这句话的人看来，可能他说的全都是事实，但实际上在这段话之中一个“事实”也没有，全都是他个人的“意见”（主观）。

听到这样的一段话，上司肯定会感到非常有压力吧，因为上司想知道的是“事实”。如果部下只说“意见”，上司就必须让他重新陈述事实，结果无形中就增加了许多的无用功。

再请看下面这个示例。这才是传达“事实”的正确方法。

> 经过和员工的确认，发现有一些客户会在20点之后打来电话。
> 与客户交流后也发现，有八成的客户希望“时间延长到20点”。
> 从现在的情况来看，有必要考虑设置专门的客服热线。

听到这种基于事实的意见，上司就不会感到有压力了。

像这样将“事实”和“意见”分开表述，就可以使交流变得更加顺畅。

对于不擅长这种表述方式的人，要想一下子将事实和意见分开表述可能很难做到。大家不妨先实际练习一下。

如果是你的话，对于下图中部下所说的话，会做出怎样的修改呢？

●如何长话短说？

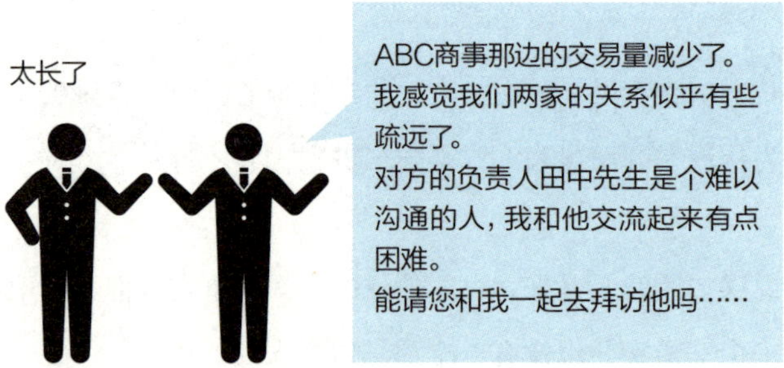

将事实和意见分开表述

【改善方案】※请将你的表述方法写下来。

请看下面这个回答示例。

我想请您和我一起去最近交易量减少的ABC商事拜访。

对方的负责人田中先生是个难以沟通的人，我感觉我们两家的关系似乎有些疏远了。

请大家也像这样将“事实”与“意见”分开表述吧。

在传达信息时，下意识地检查一下自己现在正在说的内容究竟是“事实”还是“意见”。只要能够做到这一点，就可以使自己的表述更加清晰，并且更容易被对方接受。

Point

在商业交流之中，将“事实”和“意见”分开表述。

14 消除表述中的“模糊”内容

表述不够准确会使对方感到困扰

希望您能尽快完成。

有很多反对的声音。

事务所相当小。

你在工作之中说过这样的话吗？如果说过的话，那么你想要传达的信息或许不能准确地传达给对方。

在商业交流之中，像这样“模糊”的表述方式是错误的。因此，必须消除表述中“模糊不清”的内容。

请看下面这个示例。

这就是典型的错误邮件。其中表述模糊不清的地方我都用下划线标示了出来。

从这封邮件的内容上来看，发件人完全是“期待对方发挥实力”“将责任全推给对方”的心理，所以才故意用这种模糊不清的说法吧。

●内容模糊不清的邮件

Re: 关于宣传资料的确认

收件人

Re: 关于宣传资料的确认

大田先生

承蒙关照，我是××。

宣传资料的内容我已经看过了。

非常感谢。

需要您调整和修正的内容如下：

希望能够通过文案让年轻员工拿出干劲

（现在的内容感觉事务性太强）。

完全看不懂想说什么。

现在员工因为很忙，
所以对新工作的态度很消极。

我希望他们在看完宣传资料之后，能够产生出
“即便很忙，我也要努力工作”的想法。

可以想一些能够激励员工的文案吗？
就拜托大田先生了。

今后还请多多关照！

应该给出具体的指示。

但这种模糊的表述很容易使对方产生错误的理解，结果做出错误的行动。

·让年轻员工拿出干劲→“这是什么意思？他们干劲的源泉在哪里？”

·能够激励员工的文案→“具体要什么内容？文案的长度有没有要求？”

那么，具体应该怎么做才对呢？以上述情况为例，应该像下图所示的那样，将表述中“模糊”的内容全部删除。

大家可以想象一下跟外国人交流时的情景。

前几天，我和一位毕业于一桥大学，并且在大阪大学取得研究生学位的非常优秀的越南学者做了一番交流。

但我发现即便是像他这样日语非常流利的人，也难以理解“凭你

●消除“模糊”内容的邮件（例）

可以在文案中加入以下的要素吗？

·因为能够提高顾客的满意度、提高回购率、结果就会使营业更有效率。

·希望在未来两周之内将精力都放在宣传活动上。

只要包括以上两点就可以，拜托了。

●不能说的“模糊语言”！

▼HOW
【相当】
【大量】
【非常】
【大约】
【尽量】

▼WHY
【我以为你明白】
【因为是工作/因为很重要】

▼WHERE
【老地方】
【总部（几楼？）】
【站前的咖啡厅】

▼WHO
【大家】
【很多人】
【年轻人/老员工】
【优秀的营业人员】

▼WHEN
【尽快】
【力所能及】
【几周/几个月】

的感觉来”“就拜托你了”等日语中常见的模糊表述。

这不是理解能力的问题，而是感觉上的差异。即便同为日本人，也存在这种差异。

仔细地传达信息，并不是啰唆，而是为了让传达的内容更加“具体”。

如果想让自己不会在无意识中说出“模糊”的表述，可以事先决定一些“不能说的词”，并严格遵守这一规则。

坦白说，我年轻的时候就经常用这种“模糊不清”的语言，还因此被上司批评过。

有一次上司问我：“新职场的气氛怎么样？”

我回答说：“这个嘛……大家都说喜欢，所以我也很喜欢。”

结果上司立即追问：“大家是指多少人？”

我被问得哑口无言，当时心里只想：“有必要搞得那么仔细吗？”

事后回忆起来，这其实是上司想要对我进行教育。

因为每个人的理解和感受都各不相同。为了避免出现误会，在遣词造句的时候必须十分慎重才行。

请你也给自己规定一些“不能说的词”，并严格遵守这个规则吧。

只要养成了这种习惯，到了关键的时候才不会无意识地说出“模糊不清”的语言。

Point

通过遵守规则来消除表述中的“模糊”内容。

15 提到数字的时候要准确表述“分子”和“分母”

准确的表述有助于加深对方的理解

在工作上进行交流时，引用数字具有提高说服力、增加冲击力的效果。

似乎很多人都感觉自己不擅长引用数字。其实引用数字并不难。

引用数字时的关键就在于准确地表述“分子”和“分母”。

比如在营业会议上，上司忽然要求你提出自己的意见。

【错误示例】

例1：每周打500次电话，但效率很差。（没有分子）

例2：每周只能成功约谈3次，效率很差。（没有分母）

例3：最近销售额提高了很多……（分子和分母都没有）

这样的表述无法让对方获得任何有效信息，也无法做出任何判断。

正确的做法是将分子和分母都准确地表述出来。

【正确示例】

例1：每周打500次电话只能成功1次，提高效率是当前的紧急课题。

例2：打100次电话只能成功约谈3次，提高效率是当前的紧急课题。

例3：与去年相比，销售额提升了20%。

由此可见，在引用数字的时候一定要将分子和分母都明确地表述出来。这样可以使对方更容易理解。

Point

养成注意“分子”和“分母”的习惯。

16 用“相关系数”来增加说服力

相关系数是能够瞬间改变局势的强力武器

“每天晚上都有人加班到很晚，为什么无法杜绝加班呢……”

会议上是否有人提出过这样的问题？

如果在这个时候提出“是不是因为效率意识太低”“是不是管理上存在问题”等模糊的回答是绝对错误的。

正确的做法是直接拿出“相关系数”来提高自己观点的说服力。

相关系数是表示两个变量之间“关系强弱”的数值。正确利用相关系数，就能够找出问题的原因和本质。

“其实减少加班并不难，根据相关系数显示，会议时间和加班之间存在很深的联系。”像这样拿出相关系数的证据，就能瞬间改变会议的走向。

只要使用Excel之中的“CORREL函数”就能瞬间计算出相关系数（r）。关于CORREL函数的具体使用方法请大家参阅相关书籍，就连我这个不擅长数学的人都能学会，相信大家也一定没问题的。

相关系数表示的关系强弱如下所示。

● “CORREL函数”的使用示例

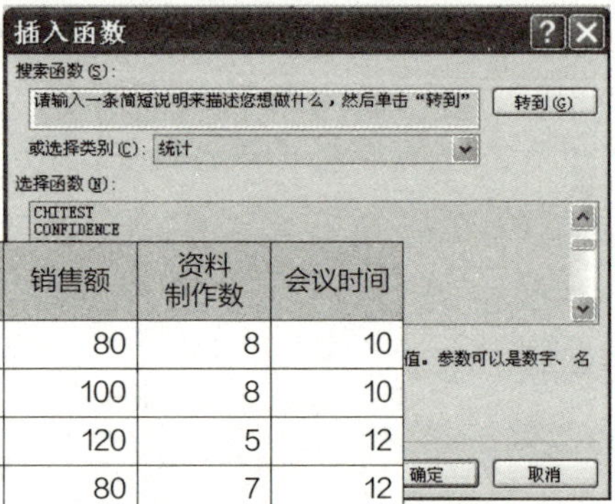

	加班时间	销售额	资料制作数	会议时间
山田	5	80	8	10
高桥	5	100	8	10
小谷	5	120	5	12
石川	7	80	7	12
大村	7	60	8	15
中田	7	70	8	12
木村	10	60	10	18
大石	10	50	10	14
西村	10	100	9	14
纪田	15	80	9	18
伊藤	15	40	10	18
室田	15	70	8	20
岸川	20	80	10	20
大田	20	100	10	20
中川	20	50	8	22
木田	25	70	7	21
大崎	25	90	8	27
西谷	25	90	3	15
南原	30	120	3	20
伊川	30	120	10	25
田中	30	80	8	28
石田	35	90	10	31
相关系数		0.2554	−0.0806	0.8804

下图就是使用CORREL函数对加班时间与相关要素之间的相关性进行调查得出的数据。

r=0.7~1	相关性很高
r=0.4~0.7	具有一定相关性
r=0.2~0.4	相关性较弱
r=0~0.2	几乎不相关

通过这个表格，可以看出加班时间与会议时间之间存在很强的相关性。

在使用相关系数的时候，需要对以下两个要素进行检查。

①确认是否存在“因果关系”。

假设小学生“计算的正确率”和“身高”之间的相关系数为“0.9”。单从数值上来看，可以说存在很强的相关性。

但实际上并不是身高越高，数学成绩就越好。

也就是说，这属于“存在相关关系，但没有因果关系”的情况。

在这种时候，需要思考：“当数字增加或减少的时候，结果是否会出现变化？”

②通过“散布图”进行确认

当一些极端的数值对数据产生影响的时候，就不应该使用相关系数。

为了确认是否存在这种情况，可以使用Excel之中的“散布图”功能。

比如下图之中“B营业部”的情况，可能就是存在其他的原因。

●用“散布图”确认是否存在极端数值的影响

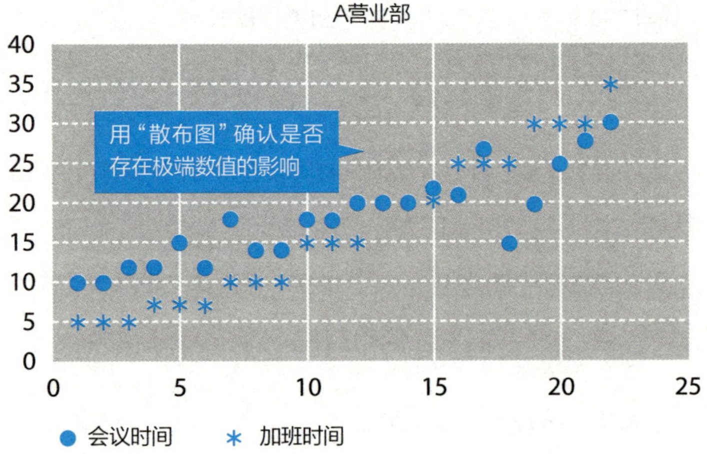

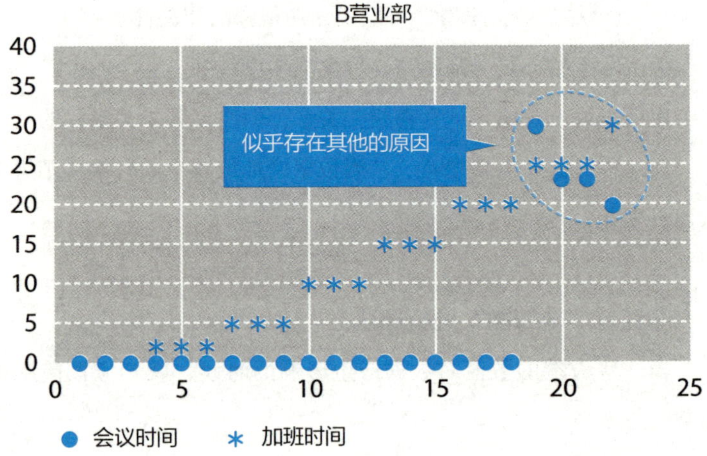

“销售额的提升与什么相关？”

“员工满意度与什么相关？”

善于使用相关系数的人，就能在工作之中把握主动权。

我再重复一遍，即便是数学不好的人也不用担心。因为一切都可以用Excel搞定。

Point

在把握要因的时候，可以用CORREL函数来进行计算。

17 千万不要“顺带一提”

为了避免作茧自缚，最好不要说多余的内容

你在会议上发言或者对上司进行汇报时，在说完主要的内容之后，有没有“顺带一提”其他内容的习惯?

如果有的话，以后最好改掉这个习惯。

因为这个习惯很有可能使会议或者会话的时间大幅延长，并且让话题变得更加分散。

假设你是某汽车零售企业的销售负责人，3月份举办的促销活动取得了非常好的效果，使营业利润急速增加。为了将这一经验在全公司共享，你需要在会议上进行说明。

参加会议的有公司高层干部以及营业、经理、人事、系统等各个部门的负责人。

假设你在进行说明时使用的就是下页图。

●这个图表的问题点是什么?

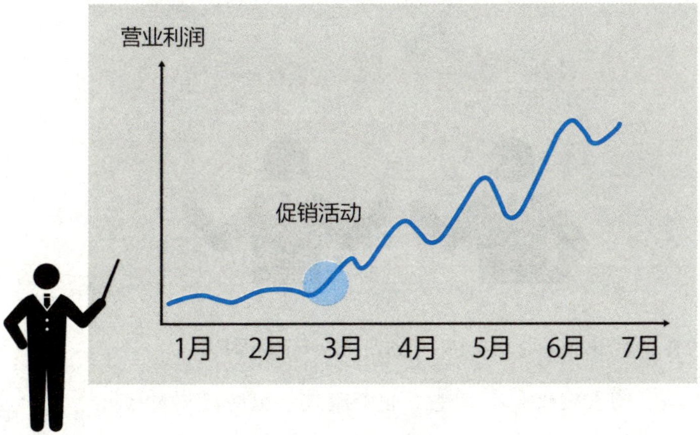

但用这个图表对促销活动的效果进行说明，似乎有些考虑不周。

你知道问题出在哪里吗?

答案是“图表上的曲线有波动”。

这种多余的要素会对你的说明内容造成影响，并且很有可能延长会议的时间。

比如经理可能会提出“5月的利润为什么降低了”之类的问题。对此，人事负责人则可能提出“是不是因为发了奖金的缘故”。这样一来，会议就会变得混乱。

这次会议的宗旨是“分享促销活动的效果”，但这样的图表却包含了与主题无关的多余信息。

也就是说，每个人都会接收“自己关心”的信息。为了避免对方的关注点被其他要素吸引，应该尽可能地排除其他干扰。

●不要擅自添加信息

在上述事例中，应该采用如下图所示的图表。

除了图表之外，在其他商业交流之中也应该尽量排除干扰。控制话题不要偏离正轨是非常重要的能力。

●将图表简化来突出重点

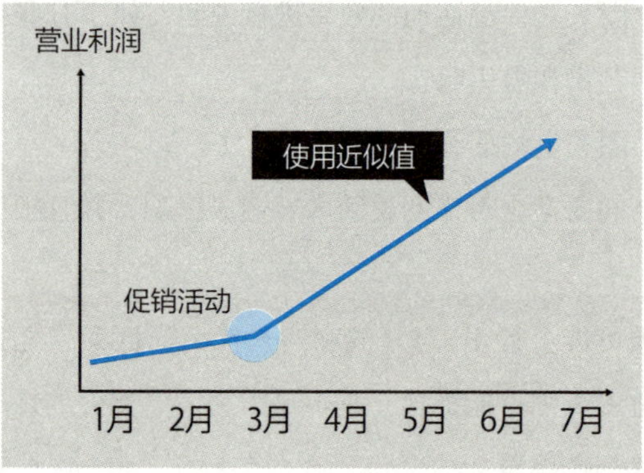

Point

为了顺利地传达信息，必须尽量排除干扰。

18 逐条列举
商业文书的文字量越少越好

让我们再来看一看邮件和资料之类的“报联商”。

要想通过邮件和商业文书将事情简洁易懂地传达给对方，其实比想象中要难得多。

为了把话说明白，不让对方产生误会，文章的内容不知不觉间就会变得很长。

但太长的邮件和资料也会使对方产生压力，这一点必须注意。

假设你收到了下页图这样的邮件。

这是我根据自己曾经收到过的邮件稍微改编而成的。也就是说，是真实存在的案例。看到这封邮件，你有什么感想呢？

●看到这封邮件你有什么感想?

有两件事想和您商量
收件人:
有两件事想和您商量
××先生 承蒙关照。我是××。我已经收到您发来的方案,非常感谢。但有两个疑问,想和您商量一下。 第一个是关于列表中的项目。比如,为了让营业人员能够一目了然,我觉得,加入最终的业绩和之前的客户反馈意见比较好,您意下如何?因为考虑到与客户之间的关系,我希望营业人员能够以这些信息为基础和客户展开交流。 第二个是关于向营业人员进行宣传的时间点。从现场的情况来看,最好在他们业务开始繁忙之前的11月中旬开始最好。考虑到制订计划以及现场安排都需要时间,在正式进行宣传之前最好多留出两周的时间。 希望您能给出回复,请多多关照。

①简洁易懂

②没有想法

③感觉很糟

选择①和②的人就需要注意了。

因为绝大多数的人在看到这样的邮件时,都会感觉“应该再简洁一点”。

在写邮件和商业文书时,用“逐条列举”的方法才是正确的选择。

总是写长邮件的人更要注意这一点。

请看下页这个正确的示例。

首先标题要做到让人“一目了然”，然后内容要变更为“逐条列举”的方式。

●稍微改变一下格式，就会使邮件变得更加简洁易懂

有两件事想和您商量
收件人:
有两件事想和您商量
××先生 承蒙关照。我是××。我已经收到您发来的方案，非常感谢。但有两个疑问，想和您商量一下。 1. 关于项目内容 我认为应该加入以下内容。您意下如何? （从与顾客之间关系的角度考虑）→“最终业绩”“之前的客户意见反馈” 2. 宣传的时间（面向营业人员） 设定在11月中旬如何?（考虑到前期准备，希望留出两周的时间） 希望您能给出回复，请多多关照。

像这样修改之后，内容就变得更加简洁易懂了。

大家在写邮件和商业文书的时候，切记要用“逐条列举”的方法来写。

Point

“逐条列举”的方法不但能够节省自己的时间，也能节约对方的时间。

19 报告要有“时效性”

在“调查开始之前”就要进行第一次报告

我年轻的时候，曾经被上司狠狠地教训过。因为这位上司很少发火，所以当时我真的是感到非常惊讶。

当时的情况如下。

· 我的一位部下，在用传真给客户发送合同的时候，不小心错发给其他的客户。

· 收到错误合同的客户联系了我的部下，告诉他“你发错了”。

· 部下向对方道歉后，拜托对方“请将错误的合同销毁”并得到对方的同意。

· 然后部下又给正确的客户重新发送了合同。

· 等这一切全都结束之后，部下将整件事情报告给了我。

乍看起来这件事情并没有什么问题，但我的上司在得知此事之后却勃然大怒。

因为我的部下擅自做出“没问题”的判断，并且在事情结束之后才将经过报告给上司（我）。

也就是说，问题出在“身为监督者的我，没有准确把握部下的行动和问题，这存在着巨大的风险”。

如果这位部下误将合同发送给了客户企业的竞争对手怎么办？

如果合同内容有涉及客户企业机密的信息怎么办？

从上述角度考虑，部下的失误确实可能导致非常严重的问题。

事实上，报告也有一定之规。

危机管理评论家佐佐淳行曾经提出过报告的两个规则。

【报告的规则】

· 第一次报告要有时效性（即便不够准确也没关系）

· 利用后续报告补充准确度

只要有了好的想法或者遇到了棘手的问题，就要第一时间报告给上司。至于准确的信息则可以在后续的报告中进行补充。

这就是“报告的基础原则”。

Point

第一次报告即便不够准确也没关系。时效性最重要！

第三章
Chapter 3

借助他人的力量提高工作效率！『高效委托』的技术

20 在必要时进行“求助”

求助并不丢人

你可能并不擅长请求别人帮忙，实际上很多人都是如此，就连我也一样。但并不能因为自己不擅长就拒绝向他人求助。因为在必要时进行“求助”也是职场的规则之一。

如果遇到以下的情况，毫不犹豫地进行求助吧。

· 时间来不及的时候（“刚好赶上”也不行）。

· 可能无法在下班之前完成工作的时候（为了避免加班，应该向其他人求助）。

· 与自己相比，让擅长的人帮忙更有效率的时候。

· 仅凭自己的力量无法完成营业目标的时候。

即便可能给他人增添一些麻烦，也要直截了当地进行求助。

在这种时候能够果断地进行求助的人，反而会得到“有责任感”的评价。

● 在必要时进行求助

所以在需要求助的时候，请大胆地发出信号吧。

在本章之中，我将为大家介绍求助他人的方法。

Point

即便可能给他人增添一些麻烦，也要大胆地发出求助的信号！

21 提前发出求助信号
事先做好准备

在上一节中，我已经说明了发出求助信号的重要性。

但突然请求他人的帮助，确实会给他人造成困扰。因为每个人都有自己的工作安排。

当你真正遇到“困难”的时候再进行求助就已经晚了。

如果你觉得“或许会来不及”“或许要加班”，只要有30%的概率可能出现问题的时候，就应该提前和你想要寻求帮助的人打好招呼。

正所谓开始之前做最坏的准备，开始之后尽最大的努力。

也就是说，必须要做好“或许会出现这样的问题，最好提前想好对策”的心理准备。

不管什么事，都要早做准备。

●提前发出求助信号

或许勉强能够赶上。　　或许赶不上了。

而且提前发出求助信号，能够让被求助的人事先做好准备，因此更容易得到对方的同意。

不擅长寻求帮助的人总是自己努力到最后一刻，结果到了这个时候更加难以启齿。

所以请鼓起勇气，尽早发出求助信号吧。

Point

如果认为“有30%的可能性会出现问题”，最好提前做好相应的准备。

22 将工作内容“标准化”

越是优秀的人越要注意：不要让工作的方法只有自己知道

在“不擅长寻求帮助”的人之中，有不少人都觉得“向他人说明工作内容太麻烦”。

之所以会出现这种情况，是因为他们的工作方法只有自己知道。

即便认为“我的方法更有效率”“公司的标准方法没效率”，也应该尽量避免用只有自己知道的工作方法。

· 最好遵守公司的标准方法。

· 在采用自己的方法时，要尽量避免“只有自己知道”的情况。

· 如果是为了提高效率，最好设计一种能够让所有人都可以使用的方法。

下面是某公司的真实案例。

这家公司里有一名工作能力很强的经理，她负责一个很重要的项目，并且在提高工作效率上下了很多功夫。但有一天她忽然因为流感而不得不请假休息。

公司让其他人临时顶替她的工作，结果是惨不忍睹……于是她不得不带病坚持上班。

当然，这名经理并没有恶意，她的初衷只是为了提高工作效率。

但采用只有自己知道的工作方法，不但给自己增添压力，还会给周围的人制造困扰。

为了降低交流的难度，最好让工作内容能够简单交接。

Point

“只有自己知道的工作方法”具有很高的风险性。

23 拜托别人帮忙的时候请以“70分”为前提

剩下的30分由自己来补充

将自己的工作委托给别人的时候，往往无法得到满意的工作成果。

但决不能因为这个理由而什么事情都自己做。

在将工作交给别人的时候，请不要期待对方能拿到“100分”，只要有“70分”就可以了。

比如大家都十分熟悉的漫画。

我们看到的漫画其实并不是漫画家自己一个人画出来的。

背景、阴影、特效表现……类似这些细节上的作业，大多都是由漫画家的助手们来完成。

如果没有助手的帮助，漫画家就无法在截稿日之前完成稿件，也不可能同时创作多个作品。

一流的漫画家当然也很擅长绘画背景、阴影以及特效。

但他们仍然将这些对最终品质影响较小的工作委托给别人去做，只在最后进行一些细微的调整。

我们的工作也一样。

“拜托你去调查一下”“拜托你帮我写一份草稿”“拜托你去确认一下参加人数”“拜托你发送一下通知邮件”……

将这些不会影响工作品质的事情委托给别人也是一种技巧。

请想一想，在你的工作之中有哪些即便交给别人也没有任何影响的业务吧。

这样做不但能够进一步提高你的工作效率，甚至还有可能建立起批量生产的体制。

Point

不擅长将工作委托出去的人，可以先从对最终品质没什么影响的工作开始委托。

24 难以启齿的委托从“说明状况”开始

使用DESC法就能自然而然地提出委托

前文中介绍的都是借助他人力量的重要性。

接下来，我将为大家说明具体的方法。

在关于“报联商”的部分，我介绍了使用PREP法“从结论说起”的方法。

但在拜托别人帮忙的时候，最好稍微变换一下顺序。

在这个时候应该使用“DESC法”。

大家还记得我在前文中介绍过的这个“顺利拒绝别人”的方法吗?

只要使用这个方法，也能顺利地将工作委托给他人。

让我们先来回忆一下，大家还能想起【　】中是什么内容吗?

【DESC法】

D【　】：只说明状况（只阐述事实，不表明意见）。

E【Explain，说明】：说明自己的想法（将自己的意见传达给对方）。

S【Specify，建议】：提出自己的建议（具体的方案）。

C【Choose，选择】：让对方做出选择（最后让对方做决定）。

答案是“Describe，描述”。

首先不带任何主观情绪，将客观事实准确、完整地传达给对方。这样可以使对方理解你请求的必然性。

请看下面这个示例。

你打算让坐在自己旁边工位的高桥先生帮自己发送一份传真。

D（描述）：“高桥先生，可以和您商量件事吗？我现在有3个必须立即对应的工作，最紧急的是给客户A公司发送传真。”

E（说明）：“如果不立即发送的话，恐怕会引起客户的不满，所以我想尽快发送。”

S（建议）：“我会尽量自己做，但要是实在没抽出时间，能麻烦您在20分钟之后帮我把这份资料用传真发给A公司吗？”

C（选择）：“可以吗？当然，如果实在不行的话也不用勉强。”

如果你是高桥的话，会怎么回答呢？

大概会说“没问题”吧。

关键在于不要一上来就说结论，而是先将状况与对方共享。

然后将最终的判断权交给对方。

如果遭到对方的拒绝也不必气馁。

因为这样可以帮助你提高对“被拒绝”的免疫力，更容易开口去拜托别人。

●正确的“委托”方法（DESC法）

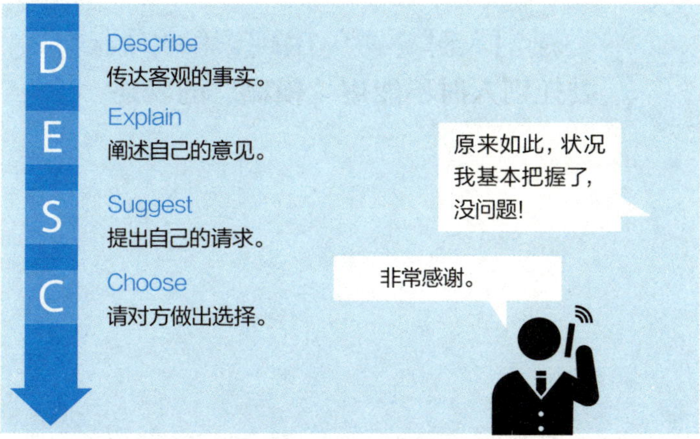

“别人会不会认为我是个厚脸皮的家伙？”

“自己的事情不是应该自己做吗？”

…………

这些完全是你自己的幻想。

在绝大多数情况下，即便对方拒绝了你，心里想的也是“没能帮上忙很抱歉”“对不起，这次真的不行”。

如果因为被拒绝一次就决定“下次再也不找他帮忙了”，那才是大错特错。

在委托别人之前，请先做好“被拒绝也没关系”的心理准备。

Point

在委托别人之前，需要首先将“必然性”传达给对方。

25 委托别人时要避免出现误解和被动

委托别人时不能用“模糊”的表述

委托别人时有一点必须特别注意，那就是千万不能认为“即便我不说对方也应该知道”。

因为不把想要传达的信息表述清楚，可能会造成对方的误解，使双方难以建立起信任关系。

为了防止出现这种情况，必须牢记以下两个秘诀。

【委托他人时的秘诀】

①用“5W1H”给出具体的指示。

②确认对方的态度，避免对方感到“被动”。

①用“5W1H”给出具体的指示。

在对他人进行委托时，必须明确传达“5W1H”。

请看下面这个示例。

你：“我们部门好像还有不少人没有申请过带薪休假。因此我想确认一下所有人的休假计划。（WHY）有件事想拜托你，可以帮我统计一下我们部门所有人（WHO）未来的休假计划吗？（WHAT）”

对方：“没问题。”

你：“非常感谢，我需要在这周五17点之前（WHEN）将这份Excel表格上的内容填满，（HOW）你看这个时间可以吗？”

对方：“明白，交给我吧。”

像这样用“5W1H”来进行说明，就不会使对方产生误解。

在这个示例中没有出现“WHERE”，也就是说，大家可以根据实际情况删除一些多余的要素也没关系。

②确认对方的态度，避免对方感到“被动”。

用“5W1H”虽然能够将信息准确地传达给对方，避免产生误解，却可能使对方感到“被动”。

因此，在委托的最后一定要用“我是这样想的，你觉得如何”，确认一下对方的态度，避免使对方感到“被动”。

对方可能会很爽快地答应，也可能会提出自己的意见。

总之，要在双方达成一致的基础上再继续向前推进，这才是正确的做法。

有时候，关于传单、DM（直投广告）、资料等包含设计要素的委托，在一些细节的问题上因为难以具体说明，所以很容易出现“模糊不清”的指示。

●难以具体说明的内容用“草图”来进行说明

画在纸上

画在白板上

画在平板电脑上

在这种情况下，最好用画图的方式来进行说明。

草图不管是画在笔记本上、白板上还是平板电脑上都可以。一边画图一边进行说明，能够极大地提高说明的准确度，避免对方产生误解。

Point

按照“5W1H”的方法进行说明，可以使委托的内容具体化。

26 建立亲密的人际关系

让对方愿意主动为你提供帮助

在掌握了委托他人的技巧之后，接下来就应该努力建立“亲密的人际关系”。

当你和周围的人建立起“有困难时互相帮助”的关系之后，在你有需要的时候，他人就会很痛快地为你提供帮助。

也就是说，让对方愿意主动为你提供帮助。

大家听说过“回报法则”吗?

回报法则指的是，通过获得他人的帮助和付出回报来保持平衡的一种心理作用。就好像在情人节的时候如果收到巧克力的话，到了白色情人节也要给对方回礼一样。

但这并不意味着我们要随身准备小礼品送给别人。

只需要在日常的工作和生活中，时刻意识到“回报法则”就可以。

为了让回报法则发挥作用，我们需要采取一些行动。

请在下页图中你做过的事情上画“对号”。虽然这些都是小事，

●建立“互相帮助”的关系

□准备去买饮料的时候先询问大家。

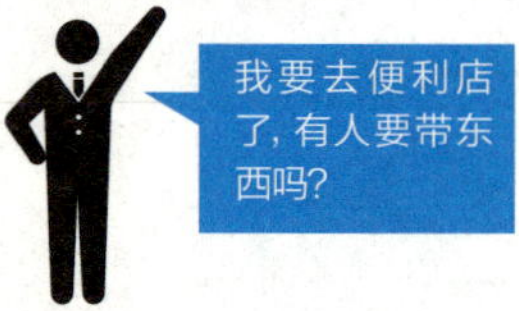

□在截止时间之前提交工作成果。

□下班回家之前先询问大家。

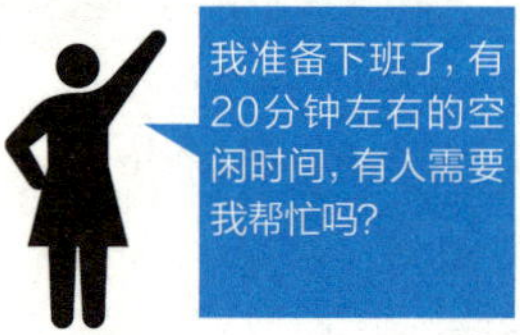

□复印20张以上的时候及时补充复印纸。

但会给他人留下很好的印象。

首先从这样的小事开始与周围人建立亲密的人际关系吧。

Point

在职场中遵照“回报法则”采取行动。

27 委托别人之后第二天记得确认情况

注意区分“委任”和“放任”

虽然委托别人帮忙并没有什么问题，但如果委托后的应对不当，或许会使对方产生出不信任感。

为了避免出现这种情况，在委托别人帮忙的第二天最好确认一下情况。

我曾经就犯过类似的错误。

当时我负责招聘广告的营业工作，有一个帮我确认原稿内容的助理。因为她是一个非常优秀的人，所以我将工作完全交给了她。但后来有一次她对我抱怨道：

“希望你能对这项工作稍微多一些关注……”

我当时的想法是“将工作交给她全权负责，可以使她工作起来更加得心应手”，但实际上这完全是我一厢情愿。

她又对我这样说道：

“现在究竟应该由谁来承担这项工作的责任？（如果出现了问题，由谁来负责？）”

“如果有需要改善的地方和新的信息，希望您能及时地告诉我。（对于最终的结果应该更积极地进行交流。）”

听到她说的话，我才意识到一个问题。

那就是“委任”和“放任”是完全不同的两个概念。

两者的区别究竟在哪里呢？

最大的区别就在于，将工作委托给别人之后，自己是否还对这项工作保持着关注。

将工作委托给他人之后，第二天最少也要确认一下进展的情况，比如询问对方“有没有什么问题”“有没有什么在意的地方”。

只要表现出自己关心的态度，就可以避免对方产生出不信任感。

如果没办法直接询问的话，发一封邮件也可以。

只要像这样表现出自己的态度，今后再委托他人帮忙的时候也会变得更加容易。

Point

将工作委托给别人之后，一定要记得确认工作的进展情况。

28 更有效地表达自己的感谢之情
只说“谢谢”是远远不够的

在别人帮助了自己之后，必须将自己的“感谢之情”传达给对方。

但经常会出现“明明自己表示了感谢，但似乎并没有传达给对方”的情况。长此以往，别人以后恐怕就不愿意帮助我们了。

其实，表达感谢也有一定的技巧。

关键在于“时机”和“方法”。

表示感谢之情最有效的“时机”

在对方“答应提供帮助”和“完成委托”的时候，必须向对方表示感谢。此外，如果希望对方“不要太勉强，给自己增添压力”，最好也及时地将这个信息传达给对方。

当你得到对方的帮助之后工作进展得非常顺利时，也不要忘记感谢对方。

比如你委托别人帮你制作资料，然后你利用这份资料在竞争中取得了胜利，那么在这个时候，一定要再次向帮助你的人表达感谢。

表示感谢之情最有效的“方法”

有时候，只说一句“谢谢”并不能将感谢之情充分地传达给对方。

因此，请用“您帮我做了××，非常感谢”这样的方式，对“具体”的行动表示感谢。

“百忙之中，您还为我做了这么优秀的资料，非常感谢。”

“这么快就给我反馈，非常感谢。”

“本来这不是您的本职工作，非常感谢。”

…………

像这样通过对具体的内容表示感谢，就能够将自己的感谢之情充分地传达给对方，让对方“下次有事情还愿意帮忙”。

在取得成功之后表示感谢的时候，感谢的内容也要稍微调整一下。

比如项目取得成功、在竞争中获胜、达成目标等时候，只向对方的行动表示感谢是不够的。

在感谢的时候要加一句“多亏了您”，向对方的“能力”和“态度”表示感谢。

“多亏了您，我们在竞争中取得了胜利。非常感谢！田中先生优秀的资料帮了我们大忙。实在是太谢谢您了！”

“多亏了您，我们达成了目标。非常感谢您百忙之中仍然及时给我们提供帮助。真的是太谢谢您了！”

事实上，这种“感谢方法”也是有心理学依据的。

这是被称为“NLP”（神经语言程序学）的心理学中涉及的“神经逻辑等级”思考方法。简单说，就是自我认知的结构图。

如下页图所示，越接近上部，越接近本人的内心。

●更有效地表示感谢之情的方法

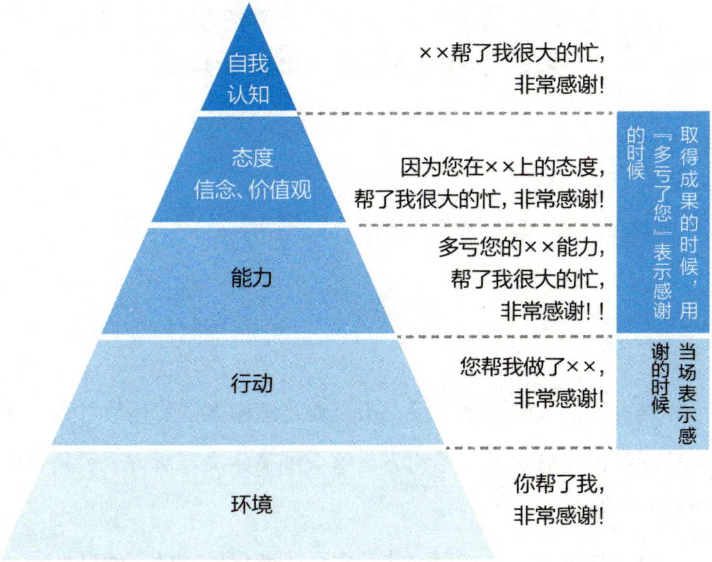

因此，希望将自己的感谢之情充分地传达给对方的时候，应该从位于上层的“能力”和“态度”进行感谢，这样可以使对方感觉到“自己的存在本身得到了认可”。

像这样通过正确的“时机”和“方法”将感谢之情传达给对方，就能够使对方更愿意为你提供帮助。

Point

感谢的关键不在于“次数”，而在于“时机”和“方法”。

29 将“后续的发展”也共享给对方

关键不在于结果，而在于过程

当得到他人的帮助之后，不仅要将感谢之情传达给对方，还要将事情后续的发展也共享给对方。这个细节将决定对方今后是否还愿意继续为你提供帮助。

以前某电视台的节目组找我取材时发生过这样一件事。

电视台的负责人发来邮件希望我给他们提供一些资料，我就将整理完毕的资料给他发送了过去。

虽然很快就收到了对方表示感谢的邮件，但我更在意的是后续的发展。不过我这边主动询问似乎显得不太好。由于一直也没得到对方的回复，所以我还是发邮件询问了一下：“那些资料有什么问题吗？”结果得到了对方这样的回复：“这次因为企划内容有改变，所以并没有用到那些资料。”

我当时真的非常生气。

不管结果如何，我只希望对方能够及时地给我反馈。

“这次因为企划内容有变，所以没有用到您发来的资料。但今后或许还有合作的机会，请多多关照。”

只要这样回复一下，就能给对方留下截然不同的印象。

不管做任何工作都一样。当你拜托别人做某件事之后，不管这件事对你是否有帮助，都要将后续的发展告知对方。

“在会议上使用了”“客户也感觉很高兴”，只需要像这样简单的反馈就可以。

让对方感觉“自己的努力没有白费”非常重要。

Point

不管结果如何，都要将“后续的发展”共享给对方。

30 不要在晚上和休息日发送邮件
尽量避免给对方增添压力

请求他人帮助或者事后表达感谢和反馈信息的时候，有一件事必须注意。

那就是不要在夜晚和休息日发送邮件。

在夜晚和休息日的时候收到邮件会使人产生压力。

我有个朋友对我说过这样一件事。

他委托一名刚入职不久的新人制作会议资料。

因为这个工作对新人来说难度比较高，所以他在前一天晚上发送了这样一封邮件："如果有什么问题或不安的话，可以随时和我联系。"

本来这是他对新人的关心，但结果怎么样呢？

据说这名新人在接到前辈发来的邮件时感到了巨大的压力。因为他在陌生的职场环境中就已经很有压力，所以下班回家之后完全不想考虑工作上的事情。

任何事情都是如此，不能只以自己的基准来进行思考，这一点非常重要。

但我们也不可能做到配合每个人的时间来发送邮件。那么，具体应该怎么做才好呢？

其实这个问题，只需要使用邮箱自带的“定时发送”功能就可以简单地解决。

接下来我将为大家介绍使用率比较高的微软的“Outlook”和Gmail的“定时发送”功能的使用方法。

Outlook

“Outlook”可以非常简单地设定“发送时间”。

首先写好邮件，然后点击“选项”菜单，点击“发送时间”按钮，最后通过“指定时间之后发送”来指定时间。

这样就OK了！

Gmail

现在越来越多的公司开始使用Gmail。

要想使用Gmail的“定时发送”功能，必须先下载并安装谷歌提供的“Right Inbox for Gmail”应用程序。

下载并安装应用程序之后，只需要先“设定时间”，然后再点击“发送”按钮即可。

待发送的邮件会先储存在已发送文件夹里，并且在设定的时间自动发送。

● “定时发送”的使用示例（Gmail）

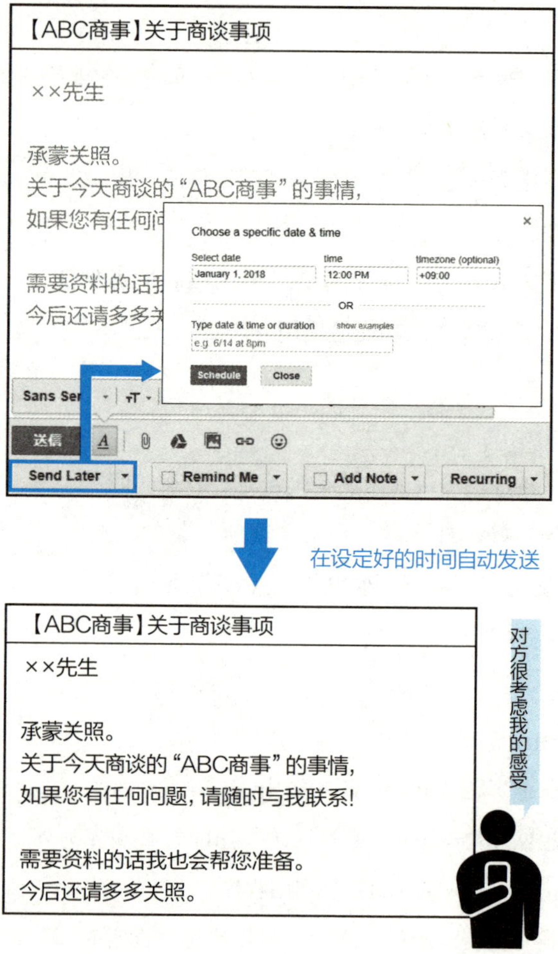

如果只以自己的基准来进行思考，那么很有可能引起对方的反感。尤其是在寻求他人帮助的时候，更要养成考虑对方感受的习惯。

Point

根据对方的情况，将邮件设定在合适的时机自动发送！

第四章
Chapter 4

立即完成！『高效决断』的技术

31 回复邮件要在阅读前还是阅读后？

回复邮件的关键在于“效率”

本来可以迅速地做出回复，但因为感觉太麻烦而迟迟不愿回复邮件，结果导致邮件越堆越多……很多人都遇到过这样的情况吧。

没有人愿意为了回复邮件而加班。

其实这个问题也很容易解决。

那就是第一时间做出“简单的回复”。

这样就可以迅速地将堆积如山的邮件回复完毕。

如果你收到这样一封邮件，会怎样应对呢？

“附件是会议资料。如果有任何问题请随时与我联系。”

像这种添加了附件的邮件，处理起来需要花费很多时间。

现在你有两种选择，你会选择哪一个呢？

①仔细阅读资料之后再回复。

“非常感谢，没有问题。就按照这个资料做吧！”

②阅读邮件之前直接回复。

“非常感谢，资料已经收到，有问题的话我后天之前和您联系！”

正确的答案是②，在阅读邮件之前直接回复。

请检查一下你的收件箱里带附件的邮件吧。

"请确认原稿内容。"

"附件是会议记录。"

"请在下周开会之前确认。"

"共享问卷调查结果。"

"请确认研修座位顺序。"

是不是有很多像这样必须回复的邮件。

如果没有及时回复，让这些邮件积攒到傍晚的话，就会不可避免地出现加班。

利用白天的"空闲时间"迅速地回复邮件才是正确的做法。

请看下图，这是我立即回复的邮件示例。

●商务邮件只需要"一句话"的简单回复

伊庭先生

承蒙关照。
我是××的××。
原稿已经做好了，请您确认。

如果有需要修改的地方，请在下周一之前联系我。您看可以吗？

请多多关照。

→

××先生

原稿已经收到！
如果有需要修改的地方，我在下周一10点之前给您发邮件。
如果没有的话请直接继续进行。

非常感谢！

在我回复的邮件之中不但没有“承蒙关照”的客气话，连自我介绍的“名字”都没有。

如果是已经合作过很多次，相互之间比较熟悉的关系，那么在回复邮件时只需要“一句话”的简单回复即可。

这种第一时间做出回复的态度，会让对方感觉更加安心，并不会显得失礼。

当回复了这封邮件之后，我抽时间确认了一下原稿，并没有发现问题，于是之后也没有再发送邮件。

在当今提倡缩短劳动时间的时代，一切的关键都在于“效率”。

Point

第一时间回复邮件，不要让邮件积压。这样可以减轻双方的压力。

32 用简写来输入文字

充分利用输入法的“联想记忆”功能

我坦白，其实我键盘打字的速度并不快。

但我制作资料和写邮件的速度却不会输给任何人。因为我充分地利用了输入法的“联想记忆”功能，只需要输入两个文字就能写出一大段话。

当我输入“承蒙”的时候，就能直接显示出“承蒙关照。我是RASISALAB的伊庭”。当我输入“附件”的时候，就能直接显示出“附件已发送，请查收”。

当我输入“如果”的时候，就能直接显示出“如果有任何问题请随时和我联系，今后还请多多关照”。

虽然我只输入了“承蒙”“附件”“如果”这六个字，但邮件中出现的文字却已经超过40个字。

短短6个字的输入量就能完成40个字以上的文章，效率提高了7倍。就算是再熟练的盲打高手，恐怕也做不到这个效率吧。

或许很多人都知道输入法的“联想记忆”功能，但真正将其利用起来的人又有多少呢?

对于不熟悉这种方法的人，可以先将“联想记忆”功能应用在写邮件上。

比如先设定常用的“联想记忆”单词。

请看下面这个示例。

【频繁使用的文章】

承蒙：承蒙关照，我是RASISALAB的伊庭。

上次：上次的事情非常感谢。

收获：收获了非常重要的信息，非常感谢。

衷心：衷心感谢。

如果：如果有任何问题请随时和我联系，今后还请多多关照。

今后：今后还请多多关照。

大家可以根据自己的习惯设定“联想记忆”的内容。

这样做不但可以极大地减少写邮件的时间，而且能避免出现错别字，可以说是有利无弊。

Point

以全部使用“联想记忆”的单词来完成邮件为目标吧!

33

瞬间完成常规邮件

比联想记忆更强大的“文本登录”功能

联想记忆虽然方便，但还有一个比它更强大的功能。

那就是能够瞬间完成邮件文本输入的“文本登录”功能。

如果你需要经常发送内容重复的邮件，可以将这封邮件的文本内容全部记录下来，这样在下次需要发送这个邮件时，就能够瞬间将文本内容复制出来。

比如，给顾客发送合同时的邮件，公司内部发送会议通知的邮件等，只要是需要长期多次发送的邮件，都可以使用文本登录的功能将其记录下来。

大家只要亲自尝试一下就会知道这个方法有多么方便。

接下来我就为大家介绍具体的方法。

Gmail

在Gmail之中有一个“邮件模板”的功能。

只需要在发送邮件之前将邮件的文本内容登录为模板即可，非常

● “文本登录”功能的使用方法（Gmail）

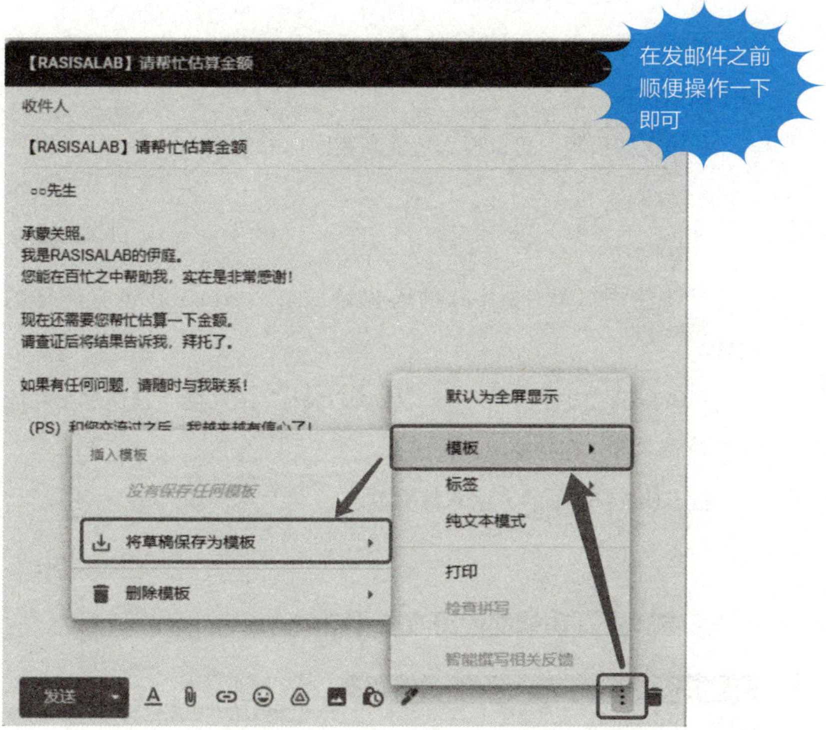

简单。当下次写邮件时只需要一瞬间就能将登录好的模板调用出来。

我平时就经常使用Gmail。

对自己登录了多少模板进行确认后，我发现到目前为止我登录了33个回信模板。

利用这些模板，可以极大地提高我回信的效率。

Outlook

习惯使用微软Outlook的人也请放心，Outlook也有同样的功能。

在Outlook之中有一个叫作“Quick Parts”的功能，使用这个功能就能登录文本并在必要时调用出来。

设定Quick Parts的方法非常简单。

请参见下图。

● “文本登录”功能的使用方法（Outlook）

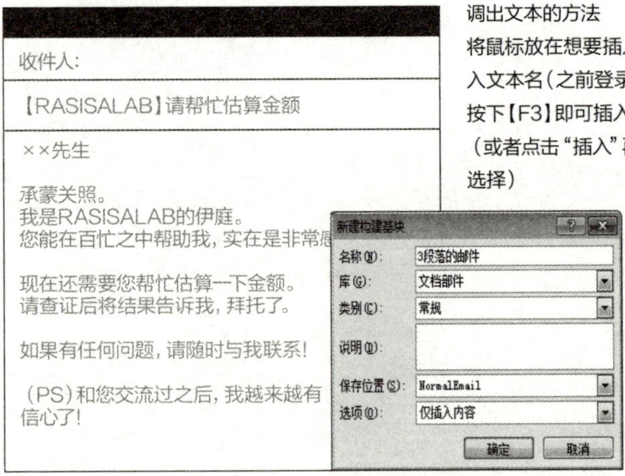

调出文本的方法

将鼠标放在想要插入文本的位置然后输入文本名（之前登录的文本名）。

按下【F3】即可插入文本!

（或者点击“插入”再从“Quick Parts”选择）

对于不熟悉的人来说，一开始可能会花费一些时间，但只要有5分钟就足够登录许多常用的文本。

大家不妨尝试一下上述方法，一定能够极大地提高你写邮件的效率。

首先请试着登录10个左右的常用文本。可以查阅一下最近一两周你发送的邮件，如果里面有需要定期发送的邮件，就立即登录上去。

“会议通知邮件”“金额估算邮件”“预约确认邮件”“感谢邮件”……只要下意识地寻找，一定能找到许多类似的邮件。

据说一名商务人士每天要平均发送12~13封邮件。而写一封邮件平均花费的时间为6分钟。

这样计算的话，每天我们花在写邮件上的时间就超过1个小时。

也就是说，只要充分利用“文本登录”的功能，就可以每天多节省1个小时的时间。

为了提高效率，我们可以有很多方法。

Point

只要充分利用“文本登录”的功能，每天就能多节省1个小时的时间。

34 用“声音”写邮件？善用“语音输入”的功能来写邮件

我还有一个非常想推荐的秘诀。

那就是智能手机的“语音输入”功能。

多亏了这个功能，我的工作效率得到了飞跃性的提升。

一提起“语音输入”，很多人首先想到的都是对“输入错误”的担忧。但现在智能手机的进步绝对让人刮目相看。首先，语音输入的准确率非常高，有时候甚至比键盘输入更加准确。而且任何应用程序都支持语音输入功能。我就经常用语音输入在Gmail写邮件。

大家不妨试一试。只需要按住键盘上的“麦克风”按钮，然后对着话筒说话即可。说话时的速度和平常一样就行。

用语音输入的方法输入这么多文字只需要20秒。

只要掌握了“语音输入”的方法，那么等电梯的时间、坐电梯的时间、等电车的时间、等红灯的时间，这些“碎片化的时间”都可以被利用起来成为“邮件时间”。

根据智能手机设备的不同，语音输入的识别性能也多少有些差距。如果觉得自己用的设备语音输入的准确度不高，可以稍微降低语速并吐字清晰一些。这样就能有效地预防输入出现错误。

语音输入绝对是提高工作效率的革命性方法。

可以说我就是凭借语音输入才彻底消灭了加班的情况。请大家也尝试一下吧。

Point

使用“语音输入”可以将一切“碎片化的时间”都变成“邮件时间”。

35 Word和PPT也可以用语音输入！

其实就连本书都是我用“语音输入”完成的

“语音输入”不仅可以用来写邮件，即便是很长的文章也可以使用语音来进行输入。

说出来或许大家会感到惊讶，这本书的原稿有一半都是我用语音输入的。

同样，制作资料和企划书的时候也可以用语音输入来打草稿。这样就可以一边走一边写资料了。

我总结了几个使用语音输入写比较长的文章时的方法，在这里为大家介绍我比较常用的两个方法。

一个是先写成邮件再进行复制粘贴的方法。

另一个是在智能手机中安装“Word”和“PPT”等应用程序，直接用语音进行输入的方法。

①先写成邮件再进行复制粘贴

这是我经常使用的方法，我一般使用Gmail的应用程序，在里面用语音来输入文章。写完之后可以保存在草稿箱里，也可以直接发送给自己的邮箱。然后只需要将邮件之中保存的文章内容直接复制粘贴在Word或者PPT之中，稍微加以修改即可。

这种方法最大的优点就是便于操作，只需要打开邮箱写邮件即可，简单的两次点击就能立刻开始输入。

下图就是使用语音输入的文章内容。这么多的内容只需要5分钟就能输入完毕。这就是语音输入的威力。

●复制粘贴的方法

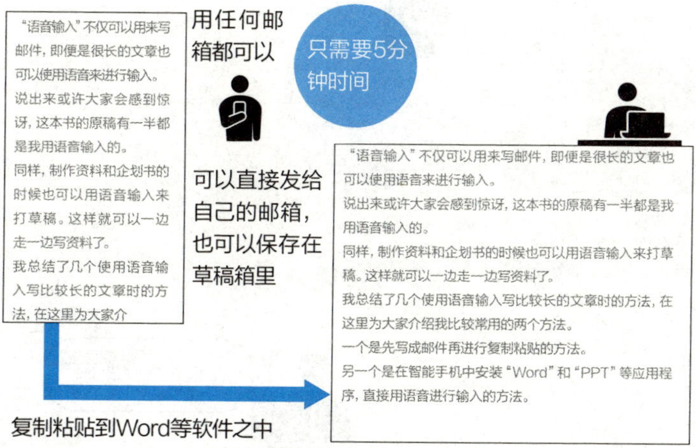

②在应用程序中直接输入

只要事先下载好智能手机专用的“Word”和“PPT”等应用程序，就可以在里面直接输入文章。

使用这种方法的话，连复制粘贴的过程都可以省略。

具体的做法同样很简单。首先，下载“Word”“PPT”“Excel”等应用程序；然后建立一个新文件，接下来就可以用语音来输入文章了。

请看下图，这是我用Word应用程序输入的示例。

●直接在智能手机的应用程序里输入（Word）

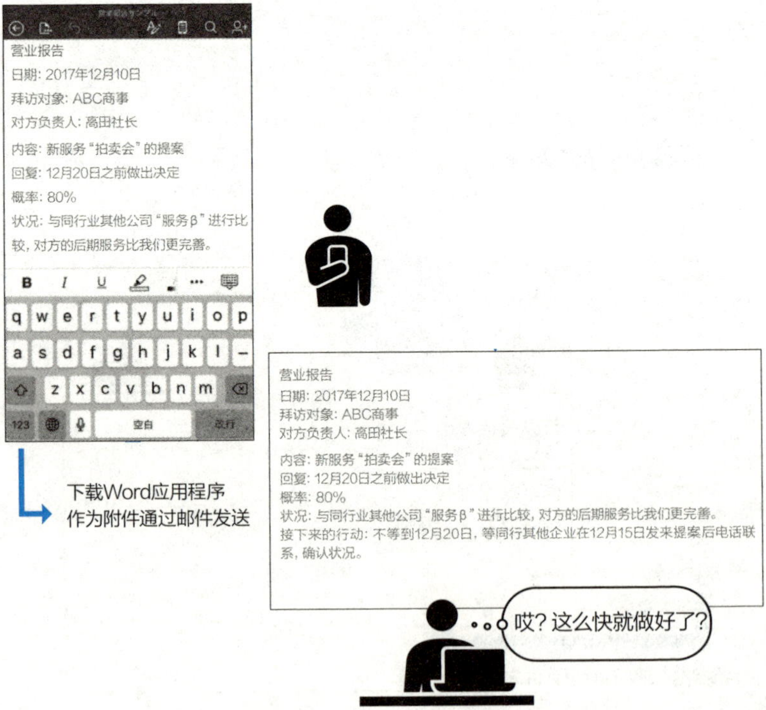

如果对版式没有太高要求的话，这种程度的文章就足够了。

将“碎片化时间”和“语音输入”结合起来，就能极大地提高你的工作效率。

Point

今后即便是比较长的文章也请毫不犹豫地使用语音输入吧！

36 创建“自定义模板”

熟练使用“模板”能够更进一步提升效率

提高制作资料效率的方法还有很多，创建“自定义模板”就是其中之一。

使用模板，就不用每次都从头开始制作资料，从而大幅缩短作业时间。

需要注意的只有一点，那就是将“替换部分的文字”保持统一。

只要文字内容保持统一，按下Ctrl+H（替换）的快捷键就可以将相同的文字内容全部替换，非常方便。

请看下页图。这就是使用替换功能，将“营业指导者”的部分全部替换成“经理”的一个示例。

有时候可能内容也需要稍微做一些调整，但在固定的模板上进行修改比从零开始输入要快得多。

可能有人认为“做模板很麻烦，也浪费时间”。对于有这种想法的人，我推荐使用下面这个方法。

●创建一个模板，然后用快捷键瞬间替换

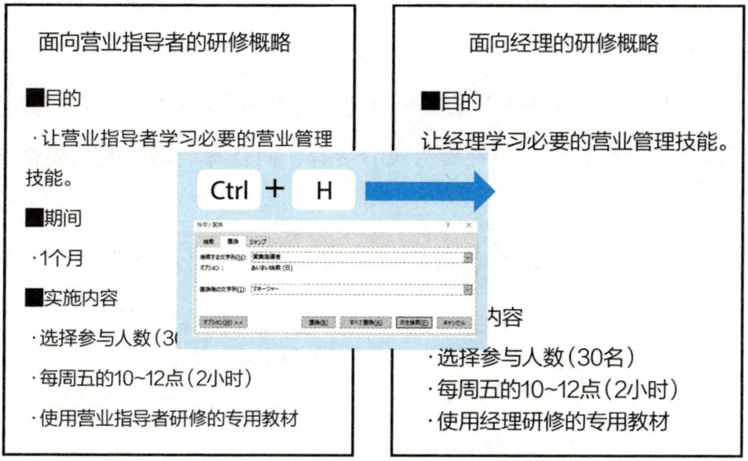

那就是利用微软“Office”自带的“模板”功能。

请看下图。

●Office的自带模板也很好用

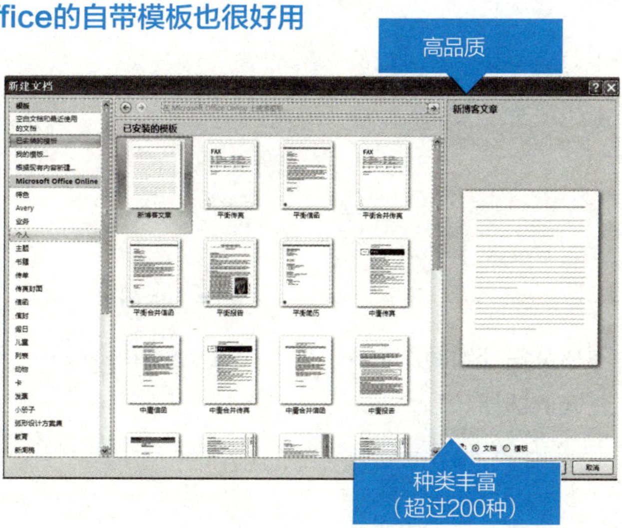

打开“Word”，按下“新建”的按钮，就会出现许多模板。很多人都忽视了这个功能吧？

其中仅面向商务资料的模板就超过200种。提案书、简讯、商务信函、宣传手册等，各种模板应有尽有，而且每个模板的品质都非常高。

只要充分利用这些软件自带的功能，就可以节省很多时间和精力。

请大家一定要尝试一下“Office”的“模板”功能。

Point

不要从零开始制作资料，善于利用“模板”才是正确的选择。

37

预约会议室

如果因为“会议室都被预约满了”而无法预约，说明你的安排有问题

接下来让我们看一看工作安排的技巧。

大家遇到过“会议室都被预约满了”导致自己预约不到的情况吗?

在这种时候，如果重新调整会议日程就会造成时间的浪费。

如果时间不能调整，那就只能租赁临时的会议室，或者找一家能开会的咖啡店，但前往会议场地同样需要花费一些时间。

虽然这只是一件小事，但要是能够消除像这样的无用功，就可以提高工作效率、使工作变得更加轻松。

我常用的办法是，在会议尚未开始准备的阶段就预约会议室。

或许有人觉得我这样做“太狡猾”。但这就像出门旅游时预约酒店一样。只要提前一段时间取消的话是不必花费任何费用的。

只有那些预定酒店的人才能在旅游的高峰期住进大受欢迎的热门酒店。

让我们回到刚才的话题。

我为什么养成了预约会议室的习惯呢?

因为以前我工作的那个公司每到4月的时候，会议室就总是不够用，甚至有多个部门为了开会而展开了会议室争夺战。

“怎样才能成功地预约到会议室呢”，思考这个问题的时候，我发现会议和商谈的日期与时间基本都是固定的。

既然如此，只要提前3个月开始预约的话就行了（3个月都不行的话就提前6个月）。

这样等到了临近的日期，只要根据预约会议室的时间来安排会议和商谈就可以了。

当然，也有将预约的会议室取消的情况。

为了不给其他人添麻烦，要取消的话最好也提前一段时间。

正如前文所述，这就和预定酒店是一样的。这个方法也同样能够用来预定美容院、车检、补习班等。

只要事先制订好计划并预约，就能在自己计划好的时间享受到预定的服务。

综上所述，为了避免出现“预约不到会议室”导致工作一拖再拖的情况，最好做好预约，这样就能使工作顺利地进展下去。

Point

“等一切都准备好之后再预约”就来不及了。
只有“预约”才能预定到自己满意的服务。

38 工作中不要坐着

站着工作能够提高40%的工作效率

大概15年前，我当时任职的公司的内部报刊以我为主角发布了一篇报道。

标题是“站着工作的管理人员”。

我以前在公司里上班的时候，工作做完之前绝对不会坐下。

原因只有一个，那就是为了能够在短时间内完成工作。

“尽快完成工作，将节省出来的时间用来和部下以及客户交流”，这就是我当时的想法。

现在，站立式的办公桌销量非常好，包括佳能和乐天在内的许多一流企业都鼓励站立工作。但在15年前，我却被周围人看作是“怪人”。

但正因为亲自尝试过，所以我可以明确地说：站着工作确实能够提高工作效率。

事实上，许多大型企业的经营者和大学教授都对站立工作的效果表示了认可。

“以前开起来就没完没了的早会，现在只要10分钟就搞定了。”

（爱丽思欧雅玛　大山健太郎会长）

“站立工作更容易集中精神、提高在工作上的表现。”

（玉川大学工学部　阿久津正大教授）

美国德克萨斯A&M大学的研究所也通过数字证明了站立工作在提高生产效率上的效果。

“客服中心用站立式办公桌接听电话的员工与传统的、坐着接听电话的员工相比，生产效率提高了46%。”

但站着工作具体应该怎么做呢？

比如很快就能做完的资料或回复邮件，就完全可以站着完成。也就是说，“不会花费太长时间的工作都应该站着做”，只要遵循这个原则即可。

当然，即便没有站立式办公桌，也一样可以站着工作。

刚开始的时候你可能会有点不适应。

如果实在觉得不好意思，可以先从自己能够接受的范围开始。

比如在“便于站立工作的地方”开始尝试或者“站着进行商谈”。

如下图所示，只要在传统的办公桌上用杂志或纸箱垫出一定的高度即可。

●尝试站立工作

希望大家一定要尝试一下这个方法，就当是被我骗了，请亲自试一试。

你一定会发现工作效率真的得到了提高。

Point

只要掌握了这些提高工作效率的方法，就能完成比别人更多的工作！

39 自己创造一个能够集中精神的环境

事先定好检查SNS和邮件的时间

坦白说，我很难长时间地集中注意力……

每当工作20~30分钟之后，我就会很想休息一会儿。

如果手机放在桌面上的话，我就很想立刻拿起来看一看。

如果你也和我一样，属于难以长时间集中注意力的类型，那么不妨试试我的这个方法。

不要将任何妨碍集中注意力的东西摆在眼前。

首先是智能手机。对现代人来说，手机总是会放在触手可及的地方。结果就会忍不住顺手拿起来看一看SNS和邮件。

为了解决这个问题，最好的办法就是事先规定好检查SNS和邮件的时间。

其次是人。在周围的人随时可能找你聊天或者商谈的环境之中，完全无法集中注意力。所以在想要集中注意力的时候，最好找一个能够独自一人工作的场所。

空闲的会议室和休息室都是不错的选择，如果可能的话，去咖啡馆也不错。

与此同时，最好留意一下都有哪些事情可能导致你失去集中力，这样可以更好地思考对策。

我在用键盘打字连续出现输入错误的时候就会想要看手机。在电车里如果车身晃动得厉害，我也会很想休息一下。

只要把握了这些情况，当我再遇到打字连续错误的时候，就会特别提醒自己“现在正是关键时刻，绝对不能拿起手机”。

我之所以对“集中力”如此重视也是有原因的。

因为中断会给工作带来极大的损害。

美国海军研究所的研究结果指出：“工作中断4秒之后，再次开始工作时出现错误的可能性会提高3倍。”

商业杂志（*Fast Company*）也有类似的研究结果：“被中断之后要想再次进入工作状态，平均需要23分15秒的时间。”

我对上述数据深以为然。

因为我亲身体验过预防中断带来的效果。

曾经我给某公司做过培训。

这家公司有一个专门负责用电话来开拓客户的部门，其中有一个团队的电话数量一直很低。

经过调查后发现，导致这一问题的原因非常简单。

因为这个团队的成员在工作时不是受外界干扰而中断，就是忍不住拿起手机检查邮件或SNS导致工作中断。

于是我和这个团队的成员一起研究对策。

他们得出的结论也非常简单："每天拿出一定的时间在会议室里进行电话营业。"

这个方法取得了明显的效果。之前每个人只有30~40个左右的电话数量，现在一下子提高到70~80个。

因为在会议室里既没有电脑也没有智能手机，更没有外人打扰。

仅仅预防了中断，就使工作效率提高了一倍。

从这个角度来说，关在会议室里工作也是个不错的选择。

Point

保持"集中"不能仅凭"意志"，改善"环境"才是正确的方法！

40 绝对不要说“尽快”

给每一项作业都明确“所需时间”

想必很多人都有制定每天的日程表，将每天需要完成的工作任务写在便签上贴在电脑显示屏上的习惯吧。

这样做确实可以保证工作不会出现遗漏。

但大家有没有发现，明明我们心里想的是“尽快将这些工作处理完”，实际上花费的时间却远远超乎我们的预料呢?

接下来我将为大家介绍一个提高工作效率的方法。

这个方法非常简单，那就是在日程表上每一项工作的旁边都写上“所需时间”。

然后尽可能在规定的时间之内将这项工作完成。

这样就可以保证我们的工作不会出现超时的情况。

日程表可以手写，也可以用Excel制作，总之只要保证自己能够一目了然即可。

在给当天的工作项目规定时间的时候，最好将未来几天的工作项

●在日程表上注明“所需时间”

	工作任务	所需时间	
周一	××先生　制作企划书	1小时	
	××先生　制作企划书	1小时	
	××先生　制作企划书	0.5小时	
	制作资料	0.5小时	8小时
	商谈	1小时	
	××先生　商谈	1小时	
	准备×××	2小时	
	商谈	1小时	13.5小时
周二	××先生　制作企划书	1小时	
	××先生　制作企划书	1小时	5.5小时
	DM	3小时	
	分配材料	0.5小时	注明所需时间

目也一并计算出所需时间。

根据业务的特点，可以将“未来3天”或者“未来1周”的工作项目的具体时间都事先确定下来。

我一般会事先确定好未来3周的具体时间安排。

但当我们规定了一项工作的所需时间之后，仍然可能会出现超时的情况。

在这个时候，可以用智能手机的计时功能或者电脑的计时功能来提醒我们已经到了规定的工作时间。

一旦到了规定的时间，即便当前的工作还没有做完也必须停止。

这样不但可以提高我们的时间意识，还能够避免对下一项工作产生影响。

为了能够在规定的时间内完成工作，不要过度追求品质。

导致工作超时的原因，大多是因为自己对工作成果“不满意”。

如果只是用作公司内部参考的资料，只要用逐条列举的形式简单地写出来即可。

这样不但让读者看起来一目了然，而且自己也能够节省很多时间。毕竟对内部资料来说，内容比形式更重要。

如果有人指出你的资料做得太简单，只需要解释一下“因为没有时间，所以做得简单了一些，很抱歉”就可以了。

有时候“战略放弃”也是明智的选择。

Point

给工作设定具体的完成时间，监督自己按时完成工作。

41 充分利用“潜在的闲暇时间”

等待电脑开机的时间也能用来完成一项工作

所有以提高工作效率为主题的书，基本都强调了充分利用“闲暇时间”的重要性。

我也认为充分利用“闲暇时间”非常重要。但我给大家的建议是，将“潜在的闲暇时间”也充分利用起来。

所谓“潜在的闲暇时间”，指的是“大多数人没有意识到的，非常短的闲暇时间”。

如果能够将这种闲暇时间都利用起来的话，那么你的工作效率将会提高到一个非常可怕的程度。

接下来我将为大家介绍几个我特别推荐的利用“潜在闲暇时间”的方法。

在人行横道上等红灯的时间

在人行横道上等红灯的时间就是“潜在的闲暇时间”。

这段时间可以拿出智能手机确认邮件。如果是能够立即回复的邮件，那么在等待信号灯变绿的过程中，就可以通过语音输入的方法来写回信。

此外，还可以将工作任务发送到自己的邮箱。等红灯的时间足够发送一到两条信息。

等候电车的时间

在站台上等电车的时间也是“潜在的闲暇时间”。

因为等电车的时间比等红灯的时间更长一些，所以不但可以用来回复邮件和给自己发送工作任务，还可以用来写一些比较长的文章。只要使用智能手机的语音输入功能，就可以趁这段时间来制作企划书或报告的草稿，从而减少加班的时间。

搭乘电车的时间

假设你需要坐电车从东京的品川站到神奈川的横滨站。有好几条线路可供选择，你会选择哪一条呢？

A：JR东海道线（需要大约17分钟，基本没有座位）

B：京滨急行快特（需要大约25分钟，比JR座位多一些）

C：京滨急行各站停车（需要大约60分钟，一定有座位）

很多人都会选择时间最短的“A：JR东海道线”吧。

但请将坐电车的时间也看作“工作时间”。

所以有时候根据实际情况可能“C：京滨急行各站停车”才是更

好的选择。

在车站搭乘电梯的时间

请大家想象一下搭乘车站的电梯从1楼到2楼的情景。

你属于哪一种类型呢？

A：在电梯上也快步往上走

B：安静地站在电梯上

正确的做法是B。搭乘电梯的时间也是“潜在的闲暇时间”。

你可以趁着搭乘电梯的时间来检查邮件、日程以及新干线的时间表是否有变化。

虽然这些都是小事，但积累起来也能够给你节省很多的时间。等到一天的工作结束时，你就会由衷地感觉到“提前将这些事情做完真是太好了”。

在办公区等待电梯的时间

在电梯门快要关闭的时候，没必要急匆匆地挤进去，完全可以等待下一趟电梯。

请根据自己的实际情况思考一下如何将“等待电梯的时间”也利用起来。

电脑的开机时间

到公司之后等待自己的电脑开机的时间，以及参加会议时等待主持人电脑开机的时间，都是可以利用起来的“潜在的闲暇时间”。

请试着利用这些时间发送一封邮件。

使用语音输入的话，只需要20~30秒就可以发送一封邮件。

开会时等待人员到齐的时间

这和等待电脑开机的时间一样，所有等待的时间都是可以利用的“闲暇时间”。

如果有人迟到，请不要焦躁，正好可以趁此机会完成一项工作。

点餐之后，等待菜品送上来的时间

虽然这样做可能稍微有些不礼貌，但这段时间也是可以利用的“潜在的闲暇时间”。

因为有时候等待的时间很长，所以不但可以用来回复邮件，还可以临时出去打个电话或者用来查阅一些资料。

但等菜品送上来之后最好就将手机收起来，这样周围的人反而会觉得你很有教养。

只要大家充分利用我上面介绍的这些“潜在的闲暇时间”，一天大约能够挤出1~2个小时的时间用来完成工作，这样就能极大地减少加班的时间。

> **Point**
>
> **养成“经常思考现在能做些什么”的习惯，**
> **减少加班的时间。**

第五章

Chapter 5

掌握『随时启动』的方法！『整理心灵』的技术

42 掌握自己的“启动”方法

利用“启动仪式”来打开启动的开关

明明必须要做的工作就在眼前，心思却完全不在工作上。

在这种时候，我推荐大家尝试下面的这个方法。

那就是给自己准备一个独一无二的“启动仪式”，用来打开自己的启动开关。

其实，很多运动员都会采用这种方法。

当我们在电视上观看体育比赛的转播时，你会发现许多运动员在开始比赛之前都会一边戴着耳机听音乐一边活动身体。

其实他们不只是在听音乐那么简单。

这是一种被称为“振奋精神”（psyching up）的心理训练法，能够使精神瞬间达到兴奋状态。如果将这种方法也应用到我们的工作之中，就可以瞬间打开“工作状态的开关”。

“振奋精神”由以下4个步骤组成。

【振奋精神的步骤】

①缓慢地进行深呼吸

②听能够提振精神的音乐

③做简单的准备动作

④想象自己发挥出全部实力的样子

事实上，我在工作时就采用了这个方法。

当我早晨起床之后感觉身体疲惫没有干劲的时候，我就会打开电脑播放自己喜欢的音乐，然后一边深呼吸一边做一些回复邮件等简单的工作。

在这个时候，不必“想象自己发挥出全部实力的样子”。毕竟在身体感觉疲惫和没有干劲的时候做这样的想象也十分困难。

即便不必做完全部4个步骤，但只要一边听音乐一边做一些简单的工作，就可以自然而然地打开自己“工作状态的开关”。

有一家鞋店的店长“振奋精神”的方法非常特别。

他会一边用很大的音量播放激昂的古典音乐，一边将价签挂在鞋上。这就是他的店长仪式。

顺带一提，用来提振精神的音乐可以随自己的喜好选择，没有一定之规。

而简单的准备动作也因人而异，可以是简单的“打扫卫生”，也可以是“确认邮件”，甚至“擦皮鞋”也可以。

总之，关键在于准备一个只属于自己的启动仪式。

当需要拿出干劲的时候，只在心里想“我要拿出干劲来”是远远不够的。

在这个时候千万不要焦躁，因为焦躁只会使自己产生压力。

请用只属于自己的“启动仪式”来自然而然地打开工作状态的开关吧。

Point

为了让自己在关键时刻能够拿出干劲，
请事先准备一个只属于自己的“启动仪式”。

43 能够随时启动的人都有“差不多就好”的心态

不要过度追求完美

追求完美往往需要花费更多的时间。

但事后回过头来再看，这种追求完美大多是一种“自我满足”。

事实上，不管是上司还是客户，都不会要求你做出“完美”的工作。绝大多数无法按时完成工作的人，都有过于追求完美的倾向。

为了避免出现这种问题，大家不妨尝试下面的这个方法。

那就是不管做任何事情都保持“差不多就好”的心态。

下面这些都是在职场之中过度追求完美的反面示例。

对准备工作过于追求完美

制作资料时为防万一准备了大量的“补充资料”。为了防止出现错字漏字而反复检查。做好万全的准备之后带着资料参加会议，结果根本没用到这份资料，会议就结束了。

在这种时候不能认为“没出问题就好”，而是应该反省自己“做了无用功”。

过于追求效率

为了努力“在今天之内做完”，结果加班完成了工作……

但冷静地想一想，其实这项工作下周之前做完也来得及。如果在接到工作任务时与对方商量一下，“下周一之前做完交给您可以吗”，或许就不用这么拼命地加班了。

虽然工作最好提前完成，但也不用太勉强自己，只要“比对方要求的期限稍微提前一些”就可以了。

过于在意细节

我以前就经常犯这个错误。因为我对“关键在于细节”这句话深信不疑。

比如制作企划书的时候，我对文字的字体和大小都很在意，对添加的插图也有很高的要求……但当我看到其他的同事拿着在我看来乱七八糟的企划书不停地签下合同，甚至成为销售冠军之后，我不得不反省自己，我对细节的追求，是否只是为了自我满足。

应该注意的并不是细节，而是“对方的关注点”。

过于在意评价

如果过于在意上司或周围人对自己的评价，也会对自己的工作表现造成影响。

“别人会不会以为我是个没用的家伙……”

如果心中带有这样的不安，为了证明自己而用力过猛，就很容易在无用功上浪费时间和精力。

所以不要在意别人的评价，追求用最小的努力取得最大的成果才是正确的方法。

请看下图。“差不多就好”的区域，也是最有效率的区域。

●不管做任何事都“差不多就好”

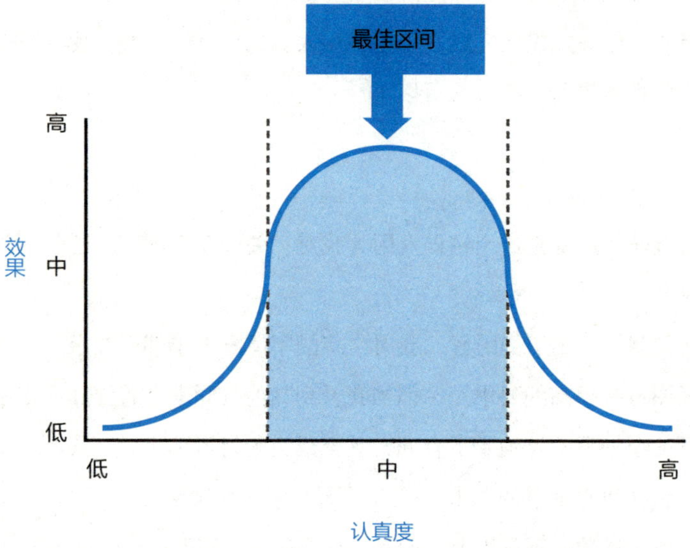

为了在工作品质、效率和顾客满意度这三者之间找到平衡，关键就在于“不要用力过猛”。

请在日常的工作之中保持“差不多就好”的心态吧。

Point

经常反省“自己做得这么认真仔细，是不是为了自我满足”。

44 能够随时启动的人都会“表明自己的判断”

迅速做出决定的关键不在于“多人讨论”，而在于“自己的判断”

导致工作迟迟无法完成的原因之一，就是“过于尊重他人的意见”。

必须得听取课长的意见。

对了，再去问问主任的意见吧。

为防万一，给对现场情况比较了解的山田先生也打个电话问一下比较好……

像这样多方听取意见之后，最终得出的结论只能是一个不得罪任何人的“折中方案”。

但这样的方案不但无法取得理想的成果，而且还会浪费自己的时间和精力。

为了避免出现这样的情况，正确的做法是“在听取对方的意见之

●听取对方的意见之后，表明自己的判断

后，表明自己的判断”。

收集信息和听取周围人的意见非常重要。仅凭自己一个人无法取得理想的成果。

但在听取他人的意见之后，应该按照“自己的判断”采取行动。

“感谢大家提供信息。我打算就按照这样的方法开始进行准备。如果大家有问题的话请随时提出。”

像这样表明自己的判断，之后就不需要再进行多余的调整。

或许有人觉得，“这样感觉有风险”，“如果出了问题都要自己负责任”……

当然，确实有事情发展不顺利的风险。

但“多人讨论”之后得出结果也并不意味着可以分散风险，让所有人都承担责任。既然是自己负责的工作，肯定是由自己来承担责任。

如果从这个角度来思考的话，反而是“多人讨论”之后得出的“折中方案”更加危险。

从另一个角度来看，你周围的人肯定会有这样的想法：“这是你自己的工作吧，应该由你自己来决定。”

对他人来说，由你自己来做决定才是最好的。

当然，完全不听周围人的意见，不管什么事情都我行我素也是不行的。

听取他人的意见作为参考，最终由自己来做出决定。

这样就可以使你少走很多弯路，迅速地将项目和企划展开。

Point

自己的工作要由自己来做最终的决定！

45 越是“麻烦的工作”越要“立即”完成

“麻烦事”拖得越久越不想做

以前我做培训的时候，有一位学员对我提出一个问题。

他是面向企业广告业务的营业负责人。因为担心提交给客户的广告在实际投放之后效果不好，所以他整天总是提心吊胆的。

有一次，因为广告的效果非常不理想，于是客户打来电话抱怨说：“你以后不用来了，我们找另外的广告公司。”

可以说再也没有比这更糟糕的状态了。

如果是你面对这样的情况，你会怎么做呢？

顺带一提，这位学员在接到客户投诉的两个礼拜没有采取任何的行动，一直忧心忡忡。

虽然他也认为应该当面向客户道歉，但时间拖得越久他越没有信心。结果因为心里一直担心这件事，导致其他的工作也受了影响。

这种情况下正确的做法应该是，接到客户的投诉电话之后立即登门道歉。

越是麻烦的工作越要立即完成，只有这样才能让你安下心来工作。

除了麻烦的工作之外，像提交报告和回信等只需要1~2分钟就能立即完成的工作也应该立即完成。

因为这样的工作拖得越久越不想做。

如果感觉无法在短时间内完成，那就自己规定一个期限，必须在规定的时间内完成。

比如告诉对方“我在下周一之前交给您”，然后将这个日程写在日程表上。这样就能使自己不再拖延。

优秀的人之所以没有压力，正是因为他们在第一时间处理了“麻烦的工作”，这样不必再有任何的担心。

Point

麻烦的工作如果不及时处理掉，就会变得越来越麻烦。

46 让自己立即完成工作的方法

工作拖到明天的话就不会做了

在上一节中，我为大家介绍了“将麻烦的工作立即完成”的方法。

那么，像“做了对自己有好处”和“自己想做的事情”之类的事情，往往容易被我们一拖再拖。

因为每天的工作都很繁忙，所以拖延的理由要多少有多少。

那么，怎样才能让我们及时地将这样的工作完成呢？

我的建议是，趁自己对这项工作还有热情的时候，如果风险在允许的范围之内，就大胆地去做。

要是做了之后感到后悔怎么办……

要是失败了怎么办……

或许你会有这样的顾虑。

但请这样想：即便失败了，只要风险在允许的范围之内，那么就当作“买一个教训”好了。

比如你是一名营业人员，打算与一家大型企业的高层取得联系。

这是一件非常需要勇气的事情。

假设你现在刚好鼓起了勇气，打算去拜访对方。

那么你可以先思考“如果失败了会怎样”，要是失败了也没有任何风险，那就立即拿起电话打给对方。

因为如果这件事你今天没做的话，明天一定也不会做。

只要你坚持上述方法并认真地完成后续的工作，很多时候都能够成功地取得面谈的机会。

这种事只要自己亲自尝试过之后就会明白。

我自己就通过这种方法取得了成功，并且让我在心理上得到巨大的满足。

事后回忆起来，连我自己都觉得自己很了不起。

我做营业人员的时候，曾经成功地与某行业的会长进行了面谈，后来一边工作一边出版了书籍。

这些都是我在产生“想要做”的热情时大胆地采取行动所取得的成果。

如果我当时没有开始行动而是将事情拖延下去的话，那么我或许就再也不会去尝试进行挑战了。

你是否也有过类似的经历呢?

如果你当时没有做出决定的话，以后肯定也不会再做了。

因此，如果判断没有风险的话，那么在产生热情的瞬间，就应该立即展开行动。

行动与否的抉择将决定我们的人生。

Point

如果风险在允许的范围之内，
就大胆地采取行动！

47 能够随时启动的人并不在乎“加班费”

关心“加班费”是成为“社畜”的第一步

我经常听到有人说这样的话：“工作完成得太快就拿不到加班费了，所以慢点做才是最好的。”

我并不打算批判什么，也不打算说教。

或许对有些人来说，加班费是很重要的收入来源。

但我认为不应该太在乎加班费。

因为如果过于关注加班费，会使自己的精神失去自由。

如果没有加班费，或许就没有足够的钱吃美味的午餐，也没有足够的钱去逛街购物。

即便如此，我仍然认为：“关心加班费是成为社畜的第一步。”

社畜指的是如下的状态。

习惯了被公司饲养，完全放弃自己的思想和良知，奴隶（家畜）化的工薪族。

这种说法似乎是对工薪族的一种侮辱。

但对加班费过于关注的心理，不正是属于这种状态吗？

“为了每个月几万日元的加班费而加班，将自己的身体（时间）出卖给公司。”

如果你的公司突然宣布“禁止加班”的话，你会怎么办呢？

是感叹“不能去旅游了”，还是感叹“不能吃美味的午餐了”？甚至愤怒地想：“我被公司背叛了。”

如果是这样的话，从一开始就不对加班费抱有期待才是正确的做法。

“不关心加班费”才是在当今缩短劳动时间的时代最正确的工作态度。

·没钱天天在外面吃饭，那就自己买菜自己做饭，这样反而更加健康。

·不能经常和朋友在外面喝酒聚会，就回家自己看电影。

·海外旅行可以趁淡季的时候请带薪假，还能买到便宜的机票。

·不去站前的英语学校，改为价格便宜的网课。

·不再自己养车，改用共享汽车或者打车软件。

即便拿不到公司的加班费，只要稍微改变一下自己的生活习惯，也一样能够享受快乐的人生。

而且随着劳动方法改革的普及，今后再想拿到加班费恐怕也是越来越难了。

是时候改变思想了，不要再关心加班费的多少。

在金钱和时间的二选一之间，请选择后者并努力找到让自己享受快乐人生的方法吧。

Point

即便没有加班费也能享受人生，这是当今时代非常重要的工作态度。

48 能够随时启动的人都拥有“比工作更重要的事情”

你并非为工作而生，工作也不是你的全部

“我应该再多做些自己想做的事。”

“那个时候回老家就好了。”

“要是在兴趣爱好上多花点时间就好了。”

“我应该去想去的地方旅行。”

“好想谈一场刻骨铭心的恋爱。”

“其实我很想结婚。”

据说这些都是人在弥留之际最后悔的事情，选自临终关怀医师大津秀一的著作《临死之前后悔的25件事》（致知出版社）。

当然，对我们来说死亡还是很遥远的事。所以不必在这个问题上想得太多。

但在日常生活中，确实存在“只有在这个时期才能做”的事情。

我们绝对不能因为平时工作繁忙，就将真正“重要的事情”抛在脑后。

一旦我们错过了做这件事的最佳时机，之后肯定会感到追悔莫及。

没有和恋人结婚很后悔。

没能在比赛中获胜很后悔。

身体健康受到了损害很后悔。

没有去留学很后悔。

…………

我可以自信地说，在工作上我没有任何偷懒的地方。

但我也不愿为了工作而牺牲家庭和私人生活。

因此，我会付出一切努力来保证自己不用加班，尽可能地将时间用在陪伴家人上。

为了实现工作与生活两不误，在工作中掌握“随时启动”的方法至关重要。

希望大家也能掌握“随时启动”的方法，将宝贵的时间用在对你来说“重要”的事情上吧。

Point

为了让自己“想做的事”和工作两不误，
必须在工作中实现“随时启动”。

结语 关键不在于“勇气”而是“动机”

非常感谢大家能够读完本书。

不知大家是否在书中找到了适合自己的工作方法。

哪怕只有一个方法能够为你提供一定的帮助，也是我最大的荣幸。

最近，我愈发感觉到“缩短劳动时间的动机”的重要性。

换句话说，就是我们“为什么要这么努力地缩短劳动时间”。

以前大家都按照自己的节奏来进行工作，即便稍微有一点加班也并不在意。

当然，现在不管是国家还是企业都在大力推行“劳动方法改革”和“减少加班”的政策与制度，或许有人会说缩短劳动时间是“大势所趋”，但这只是社会的趋势，并不属于我们自发的“动机”。

“因为想工作，所以工作”是错误的吗？

我个人认为：“如果工作就是自己想做的事情，那么每周工作70小时也没问题”。

但我同样认为：“珍惜自己人生的每一天也很重要。”

任何人都有“只有现在这个阶段才能做的事情”。

比如我今年49岁，即便我想“再一次陪伴孩子一起成长”，恐怕这个愿望也很难实现了。即便我想“学习外语、去周游世界”，或者“不带地图，骑自行车周游世界”，与20多岁的时候相比，现在去做也非常困难。

至于“进入杰尼斯事务所成为偶像”的愿望只能让别人以为我疯了。

20多岁的时候有20多岁才能做的事情。

30多岁的时候有30多岁才能做的事情。

40多岁的时候有40多岁才能做的事情。

如果你有“现在不做将来会后悔”的事情要做，那么请一定要珍惜眼前的机会。

这正是我们“努力缩短劳动时间”的动机。

我在“前言”中提到过，我曾经向上司提案“将每天的早会改成一周两次”。

其实，那个时候我的孩子刚刚出生。

我心里非常渴望“陪孩子一起洗澡，和孩子一起吃晚饭”的生活。

因为这是只有在这段时期才能做到的事情，而且我认为这对孩子的成长很有帮助。

当然，我也希望能够在工作上全力以赴。

所以我不得不提出“减少早会次数”的提案。

换句话说，这不是因为我的“勇气”，而是因为我的“动机”。

公司要求“减少加班”，或许不足以成为“减少劳动时间”的动机，但这可以成为思考“动机”的开端。

当你拥有足够的动机之后，就可以与上司、同事或者客户进行“交涉”。

到了那个时候，本书之中介绍的方法如果能够起到一些帮助，就是我最大的荣幸。

非常感谢您将本书读到最后，也希望您独一无二的“劳动方法变革”能够取得成功。

伊庭正康